华夏智库·新经济丛书

总裁
演说智慧

千海 著

THE WISDOM OF THE PRESIDENT'S SPEECH

经济管理出版社

ECONOMY & MANAGEMENT PUBLISHING HOUSE

图书在版编目（CIP）数据

总裁演说智慧/千海著 . —北京：经济管理出版社，2018.1
ISBN 978-7-5096-5573-3

Ⅰ.①总… Ⅱ.①千… Ⅲ.①演讲—语文艺术 Ⅳ.①H019

中国版本图书馆 CIP 数据核字（2017）第 313654 号

组稿编辑：张　艳
责任编辑：范美琴
责任印制：黄章平
责任校对：董杉珊

出版发行：经济管理出版社
　　　　　（北京市海淀区北蜂窝 8 号中雅大厦 A 座 11 层　100038）
网　　址：www. E-mp. com. cn
电　　话：（010）51915602
印　　刷：玉田县昊达印刷有限公司
经　　销：新华书店
开　　本：720mm×1000mm/16
印　　张：13
字　　数：158 千字
版　　次：2018 年 2 月第 1 版　2018 年 2 月第 1 次印刷
书　　号：ISBN 978-7-5096-5573-3
定　　价：38.00 元

序一

从打工者到演说家

演讲者是把光明带进黑暗的使者，把爱带给听众，把希望带给听众，把阳光带给听众。我们需要先看见自己内心的美好，才可能真正看见别人的；我们要先感受到对自己的爱，之后才能去爱别人，用演讲去唤醒别人。

——千海语录

大家好，我叫肖明，我出生在一个贫寒的农村家庭，家有兄弟三人，两个哥哥相继辍学在家从事农活。所以，全家人把所有希望都寄托在我身上，希望我能考上大学，出人头地。

可是，我从小不爱读书，两次高考都名落孙山。想起父母为我支付学费东奔西跑借钱的场景，我内心非常惭愧。为了报答父母，我下定决心打工赚钱。就这样，我进了一家东莞的电器企业，做了一名工厂操作工，每天早六晚十地工作，住在十几个人的集体宿舍，每个月的工资不到 1500 元。我拼命地工作，想要证明一个社会最底层不被看好的年轻人同样可以实现梦想，可以改变命运，远离贫穷。

可是，现实很残酷，几年的打工生涯，依然没有让我获得想要的成功，我那渴望改变命运的梦想越来越遥远……

有一天，我接到家里的电话，电话那头爸爸带着哭腔说："孩子，快点回家吧，你妈得了重病！"顿时，我感到晴天霹雳，并匆匆回家。

当我回到家里，看到病床上憔悴的妈妈，心如刀绞。妈妈曾为了我的工作牵肠挂肚，为了我的个人问题操碎了心。她为了让我上学，省吃俭用，穿的都是亲戚、朋友送的旧衣服……

我怪自己没有用，怪自己没能力挣钱，怪自己不能好好孝顺父母，怪自己没本事创造属于自己的事业！

年末，妈妈还是因胃癌晚期去世了。看着离开人世的妈妈，我一下子跪在地上，放声大哭：儿子不争气啊，儿子对不起您啊！您在的日子里，我没有孝敬过您，儿子不孝啊！

在母亲的坟前，我立下誓言：我一定要找到成功的方法，我这辈子一定要出人头地，改变命运，远离贫穷，拥有自己的一片天，为父母争气，让母亲在天堂安心！

在以后的日子里，我先后做过酒店服务员、业务员，摆过地摊、做过早餐生意，也和朋友合伙开过公司。由于我不会销售，不懂管理，公司很快就破产了，我又变得身无分文，穷困潦倒。

此后，我睡了3个月地板，但我告诉自己，即使现在睡地板，以后也要做老板！那几年，我没有挣到一分钱，家人说我不务正业，没本事，不会挣钱！我希望得到家人的支持，渴望得到他们的鼓励，但没人理我。

这一切我受够了！

我受够了没钱的窘迫！

我受够了过穷人的生活！

我受够了没有钱孝顺自己父母的日子！

我告诉自己：我一定要改变，我要改变命运，远离贫穷！

接着，我不断学习，充实自己，只要对我有帮助的，我都学。除了去参加某些大师的演讲课程培训，我还在网上看演讲视频，看马云、陈安之、徐鹤宁、李强、梁凯恩等人的视频。我还买了很多与销售有关的书籍，一有时间就看。

即便是这样，我也一直没有任何的突破和改变。一次偶然的机会，我参加了为期两天的千海老师的《开启幸福》课程。这门课程，真正改变了我的命运。

在课程现场，千海老师说：想学会销售，学会沟通，就来《总裁演说智慧》！

那个时候，《总裁演说智慧》的价格高达 12800 元，我有些犹豫。我想去学习销售，学会沟通，想要改变命运，获得财务自由，为父母争光。可是，我真的没有那么多钱，报了课程，我连房租都交不起了。

我对老师说："我很想参加，可是我没有钱……"

老师说："你是想要成功还是一定要成功？学习是赚钱的第一步，要想赚得更多，你必须学得更多，表示你需要投资更多，你赞同吗？成功跟钱没有关系，但和你的决心与意愿有关系。你没有钱的日子过多久了？你还要穷多久？你到底穷够了没有？那你什么时候改变？没有钱，就不能去学习，不学习就不能掌握持续赚钱的方法，没有持续赚钱的方法，就还是没有钱。"

"我感觉培训费太贵了！"

老师说："只有一流的产品才卖一流的价格。好才贵，课程的高价格正是高品质的表现。其实，最贵的也是最便宜的，因为你第一次就把事情做对了。请问你一辈子的成功值多少钱？你一辈子的财富值多少钱？你的自信又值多少钱？你的开心快乐值多少钱？如果投资 1 万元让你赚到 1000 万元、5000 万元、10 亿元，你觉得贵吗？最好的投资就是投资脖子以上，因为能用一辈子。每天投资几块钱就能争取到一个让自己在未来成为行业顶尖、拥有持续成功的机会，是不是非常值得？"

我问老师："我不知道课程有没有效……"

老师说："这个课程对在工厂打工的人有效，对企业家有效，对我本人也产生了巨大的帮助，对你会不会有效，我也不太清楚。如果你来上这个课程，我一定会全力以赴地帮助你，如果你也全力以赴配合并执行，我相信，同样的行动会带来同样有效的结果。"

"那我等到开课时再报名，可以吗？"

老师说："成功是一种习惯，拖延是一种习惯，言行一致是一种习惯，立刻行动是一种习惯，当机立断是一种习惯，找借口是一种习惯，什么样的习惯就会造就什么样的人生。所以你要好的人生还是要非常普通的人生？每天三点一线、50 年后和现在还是一样的人生？如果你想拥有一个成功的人生，那么你现在就要养成最棒的习惯——立刻行动，因为你立刻行动，你未来吸引的顾客也会立刻行动。凡事别再拖延了，马上行动，现在就去做！"

我被老师说服了，为了梦想，为了孝顺父母，为了争口气，我咬咬牙，当场刷卡报了名。交完报名费，我身上仅剩 300 元生活费，连房租都交不起，但我相信自己的选择，相信老师。而当我学习了《总裁演说智慧》后，我的人生真的开始发生了巨大的转变。

过去，我是个两次高考落榜的工厂操作工、酒店服务员、摆地摊的小贩，是个内向、自卑、恐惧舞台的人，也是个不会销售，害怕销售，甚至要放弃销售的人。

　　而现在，通过学习千海老师的课程，我变得不一样了。我开始懂得设定目标、制订计划，并采取大量行动了，如经常在家对着墙壁练习语言，在公园对着花草树木演讲。我变得自信、开朗了，我敢于站在台上激情演讲了。

　　通过半年《总裁演说智慧》的复训学习，我竟然变成了金牌主持人、公众演说老师。我相信，在不远的未来，我会成为具有说服力的演说家。

　　不仅如此，我的收入也有了很大的提高。从最初的月收入 2000 元到月收入 20000 元，再到现在创立了自己的贸易公司，带领着一个 50 人的团队。未来，我的目标是月入 100 万元，并去激励更多的人获得财务自由！

　　回忆一路走来的经历，我经常会想：如果没有接触到千海老师，我会是什么样子？

　　如果没有老师的指导，我的收入和能力会有如此大的改变吗？

　　如果我不改变，不努力争取，我的未来将会在哪里？

　　毫不夸张地说，我今天的成长是千海老师的功劳，我今天的蜕变是受到了演讲的影响。

序二

演讲的 10 大好处

成交的力度取决于演讲的高度，演讲的高度取决于演讲者对人性了解的深度。

——千海语录

很多人问我，你怎么那么棒、那么精进、那么优秀？其实，我要感谢自己的选择和决定。我渴望改变命运，渴望成功，渴望为家族争光。我希望通过我的努力，用公众演说帮助 1000 万人改变命运，让更多的人远离贫穷！

千海老师说这个世界上有两种人：一种是支持别人梦想的人，一种是偷走别人梦想的人。如果你愿意改变，并愿意感召更多的人改变，不如就加入《总裁演说智慧》的课程吧。

在这里，你会看到、体会到演讲的 10 大好处，如果将其运用到生活中、事业中，相信你也会像我一样有所改变。

以下为演讲的 10 大好处：

（1）突破恐惧，打造舞台魅力，从此爱上公众演说。

（2）提升表达、沟通、谈判、说服及人际交往能力。

（3）掌握公众讲话的万能模式，任何场合都能贴切讲话。

（4）掌握演讲设计的流程和关键，让你的演讲场场都出彩。

（5）掌握演说的声音、手势和气场设计窍门，成为商务聚会中的"万人迷"。

（6）学会掌控会场气氛，掌握不可思议的互动艺术，让你的演讲掌声雷动。

（7）掌握现场发问的精髓，句句锁住听众的兴奋点，让你的演说高潮迭起。

（8）洞悉沟通、说服和会议营销的流程和关键，让你的演说既收到钱又收到人心。

（9）掌握团队训练的核心法门，提升团队领导力，助你打造出上下一体的特战型团队。

（10）尊享高端人脉圈子，邂逅更多的合作共赢项目。

在未来的人生中，学会这套超级有说服力的秘诀，可以让你在任何时间、任何地点，把任何产品卖给任何人；可以让你的业绩提升 10~50 倍；可以让你的人脉增加，如增加 10 倍的影响力、提升 100 倍的知名度。

我们会用自己的全部力量服务好每一个客户。如果你满足以下三个条件中的任何一条，就赶紧报名参加吧！

（1）有梦想的人，拥有强烈的企图心，一定要改变自己和家族企业命运的人。

（2）有爱心的人。只有这样，你才会有更大的责任和使命去帮助企业和团队。

（3）对目前的夫妻关系、工作事业、收入极为不满，一定要让收入有较高增长的人。

各位，现在报名只要 29800 元就可以向千海老师学习，将演说学到极致。

学会了千海老师的《总裁演说智慧》，就会拥有自信和舞台魅力，就会有更多的收入，甚至实现财务自由。课程有价，成功无价，幸福和自由也是无价的。

所以，愿意给自己的人生做有价值的投资的，请立即行动起来。

凡是把握机会报了名的朋友，除了成为终身学员之外，还会得到双重大礼。

第一重大礼，赠送价值 6800 元的《盈利智慧》课程名额 1 个。它会教你如何让员工主动自发地工作，教你独当一面的秘诀。

第二重大礼，赠送价值 1980 元的千海老师的《开启幸福》课程名额 10 个，相当于送你 19800 元的课程。

优惠名额只限前 10 位，立刻报名交全款的朋友将拥有所有的优惠，老师将成为你一辈子的良师益友，你也会成为老师的终身服务学员。

三天的课程，终身免费复读，越成功的人，行动速度越快，你是什么样的人，就能吸引到什么样的客户。今天的机会难得，赶快把握机会！

前　言

　　综观人类文明的发展，每一次社会的进步都离不开优秀演讲者的推动。今天以互联网为代表的信息技术日新月异，引领了社会生产新变革，创造了人类生活新空间，拓展了国家治理新领域，提高了人类认识水平，人们认识世界、改造世界的能力得到了极大提高。随着市场竞争的加剧，企业与对手之间的角逐已不再局限于产品的质量、品牌的大小，而是扩大到企业家个人的综合素质及演讲能力等方面。

　　著名投资家巴菲特曾说过："有一种能力你必须具备，不管你喜欢与否，那就是轻松自如地进行公众演讲，这是一种财富，它将伴随你50~60年，如果你不喜欢，你的损失同样是50~60年！"

　　毫不夸张地说，演讲是企业家们建立社会联系必不可少的桥梁和纽带，而演讲的能力是企业家或企业生存和发展的决定性因素之一。但遗憾的是，不是每一位企业家都具备演讲者的能力，很多人在上台演讲前，会出现心跳加剧、颤抖、流汗甚至更紧张的状况。

　　你是否曾因恐惧演说而讲话紧张、语无伦次，导致自身和公司形象顿失？

　　你是否曾因将要参加某个重要会议而不能流畅讲话，以致坐立不安？

　　你是否曾因为不能及时恰当地表达自己的见解和主张，事后追悔莫及？

你是否曾因不能发表具有感染力的演说，而影响了公司战略的贯彻执行？

你是否曾只因逃避公众讲话而白白错失了很多唾手可得的机会？

在这个世界上很多著名的演讲家也曾有过这样的担忧，比如马克·吐温曾经说过："上台伊始，就感到嘴里像是塞满了棉花，脉搏跳得像在争夺百米赛跑的冠军奖杯。"古罗马时期最伟大的演讲家西塞罗也曾说过："一开始就感到自己面色苍白，四肢和整个心灵都在颤抖。"

没有天生的演说家，所有的能言善辩、妙舌生花都是在后天一点点修炼而成的。在公众演讲中，除了有价值的思想，还需要演讲者具备自信、演讲技巧和流利的语言。

精彩的演讲有很多种，但糟糕的演讲却有迹可循。对于听众来说，一场精彩的演讲是与演讲者共同经历的一场旅行。在这个过程中，演讲者宛如导游一样，将听众带到一个又一个美丽的地方，答疑解惑。如果听众没有这种奇妙的体验，就说明这是一场糟糕的演讲。

《总裁演说智慧》一书的内容不同于一般意义上的演讲技巧，是由中国演说成交培训第一人彭千海老师分享如何通过认识演讲的本质来学习演讲。再教你模仿各企业大佬如马云、乔布斯、俞敏洪、潘石屹、萨默·雷石东等，根据他们的亲身经历讲述演讲所运用的一些方法和技巧，包括演说前的准备（如何确定演讲主题、如何找演讲素材、如何进行演讲分析等），再到演讲过程中可能会出现的各种问题及其解决方法。不仅如此，书中还有不少企业家演讲实录，让你在演讲时有一面最好的镜子。

或许《总裁演说智慧》不是最全面的演说智慧宝典，但它绝对是最实用的演说借鉴书籍，它会教你使用哪种技巧助你的演讲一臂之力。

翻开《总裁演说智慧》，跟随企业家们一同开启口才训练之旅吧！相信在"技巧+实战演练"的综合训练中，你也能迅速提高自己的演讲能力，如同马云一样能说会道、妙语连珠，从而离演说家更近一步。

千海

演讲状态的最高境界：凡是真实的不受任何威胁，凡是不真实的根本就不存在，我的平安就在其中。演讲者内心的状态决定演讲的效果。

目　录

第 1 章

优秀的企业家为什么要成为演讲家？

演讲让伟大的思想不再沉默，让思想的价值放大百倍。

——千海语录

演讲的本质：让思想更有影响力

演讲又叫讲演、演说，是演讲者运用文字语言和肢体语言就某一问题或事件向公众传达思维信息的一种方式。

随着市场竞争越发激烈与残酷，企业之间的竞争不仅是产品、品牌的竞争，更是企业家与企业家之间的竞争，如个人的综合素质以及演讲能力。毫不夸张地说，演讲是企业家们建立社会联系必不可少的桥梁和纽带，而演讲的能力是企业家或企业生存与发展的决定性因素之一。

事实上，人们对语言的影响力历来都十分重视。著名投资家巴菲特曾说："有一种能力你必须具备，不管你喜欢与否，那就是轻松自如地进行公众演讲，这是一种财富，将伴随你50~60年，如果你不喜欢，你的损失同样是50~60年！""二战"中，英国首相丘吉尔说："一个人能面对多少人，就代表这个人的成就有多大。"南朝刘勰在《文心雕龙》中说："一人之辩重于九鼎之宝，三寸之舌强于百万之师。"马雅可夫斯基说："语言是人类力量的统帅。"

可见，语言传达的不仅是一种信息，更是一种力量。纵观古今，有99%的成功者或企业家都是善于演讲的超级演说大师！如马云、柳传志、潘石屹、乔布斯、李彦宏、扎克伯格等。

小米科技CEO雷军在一次演讲中说："我的演说水平远远没办法跟马云相比，马云的号召力和演说水平，我是望尘莫及的。"

可见，企业家高超的演讲能力是叱咤商场的制胜法宝。在生活或工作中，无论是开会讲话、上传下达，还是交际应酬、传递情感，都需要用语言交流。在实际工作中，企业家的演讲有着不可估量的能力和魅力。他们或许能用演讲这把利器在风云变幻的竞争中争得一席之地；或许能在铿锵有力的演说中鼓舞人们的斗志；或许能在中肯有力、言之有物的演说中，创造出难以想象的精神财富和物质财富。

就像 SOHO 中国董事长潘石屹一样，他用亲身经历演绎了什么叫演讲的影响力。

他说："有一年，我回村子赶上苹果丰收了，苹果长得又大又甜，但却没人收购，都烂在地里，很可惜。还有一年，我回去发现由于春天遭受了霜冻而大规模减产，树上挂着的稀稀拉拉的苹果外形很难看，有伤痕，但人们却在抢着收购，价格也很高。长得确实没法看的苹果不但有人要，还被果汁厂收购加工成了原汁销往欧美。后来我才搞明白，那一年，不光我们天水，陕西、河南那些苹果大省也遭遇了同样的霜冻，市场上的苹果供不应求。"

"我现在是老家苹果的公益代言人，对苹果背后的故事了解得更多了。通过这些，我也受到了些启发，跟大家分享：

第一，这个时代是一个人类一体、人类一家的时代，与以往的任何一个时代都不同了。每个人思考问题都要从全球化的角度出发，要有更宽的视野。即使是身处秦岭大山沟里面种苹果的农民也不例外。只盯着自己的一亩三分地，不了解外面的市场、外面的世界，就无法找到正确答案。无论你是拥有权力的大人物，还是一个普通人，无论你从事什么样的工作，科研、经济、环保、政治、农业，都要从这个出发点出发。

第二，这个时代是一个团结合作的时代，谁也离不开谁。离开了别人，我们就无法工作，甚至我们的生活都不能自理。在团结合作的时代，最需要具备的精神就是放低自己、尊重别人、尊重不同的意见。在团结合作的道路上，最大的敌人是总认为自己是正确的、别人是错误的。"

作为一名企业家，潘石屹除了在自己的领域独树一帜，博得他人的掌声外，还承担了社会责任，他依靠自己的身份、地位和演讲的影响力，为需要帮助的人谋得了福利。除了他，还有不少企业家正在运用演讲的影响力，号召有能力的人，为社会做着添砖加瓦的贡献。

另外，企业家还可以通过演讲展示个人的独特魅力，从而完成对企业和产品的有力宣传。比如：聚美优品的 CEO 陈欧，在对企业进行宣传时，他摒弃以往的传统观念，没有用电视明星、演员来做广告，而是以"我是陈欧，我为自己代言"的广告方式，成为广告界的一股清流，一夜之间风靡互联网，成为网友们纷纷模仿的对象。

在信息化时代，人们的好奇心不仅存在于产品的质量和品牌的大小，还在于想知道品牌背后的人或事。由此，产品与产品的制造者变得密不可分。正如乔布斯和苹果，一说起乔布斯，自然会想到苹果。就算在大街上、在超市里看见吃的苹果，也会联想到乔布斯。当然，也会联想起牛顿。

但不管怎样，在大多数情况下，与其说人们在消费产品，不如说在消费企业家的人格魅力。这就要求企业家具备演讲能力。无论你采用的是和颜悦色、言简意赅，还是机智灵活、简明扼要的演讲方式，只要能够将演讲技能合理运用，具有鼓动性，能够激起消费者的购买欲，那你就成功了。

在这些能说会道的企业家中，一定会诞生言论英雄和演讲家。他们的言论和思想更具有前沿性，有强大的感召力，他们谈商论道，勾画未来，激励人群。同时，他们也预示着企业行业的兴衰。

而这，就是演讲的本质——能让思想更有影响力。

演讲是领导者的必备能力

放眼全球，活跃在大众视野中的企业家，个个都是伶牙俐齿。在互联网时代，公众演讲能力已成为企业家必备的技能之一。

比如：能将产品发布会当成一场演讲的企业家，当属苹果创始人乔布斯。虽然苹果手机从来没有代言人，但一提到 iPhone，人们的脑海中就会浮现出乔布斯托腮的经典形象。

近年来，有不少企业家向乔布斯偷师学艺，将企业品牌与创始人自身结合在一起。例如，一提到"淘宝"，人们就会自然而然想起身体瘦小但脑容量惊人的马云；一提到"新东方"，人们就会想起俞敏洪为大学室友接四年热水的故事；一提到"小米手机"，人们就会向打造"屌丝神话"的雷军竖起大拇指。

而这些故事，是通过企业家在一次次演讲中，向观众、向消费者展现自己或产品的最好推销手段。

这些企业大佬们的个人经历已然成为品牌的烙印，甚至发展为企业精神、企业文化。锤子科技创始人罗永浩更是以"一个理想主义者的创业故事"系列演讲，摆明了自己的"理想主义者"身份，并用情怀换来无数掌声和目光。

在互联网时代，消费者不仅关心产品是否好用，还好奇品牌形成的过程，以及创始人的"心路历程"。当企业家或品牌能够让消费者一探究竟时，消费者就会对品牌或企业家产生信赖感、平等感，甚至是品牌崇拜。于是，

"粉丝经济"就诞生了。当然，即便这是一个互联网思维新时代，一个"商业演说"的新时代，能够进行公众演讲也不是一件容易的事情。

有的企业家认为，演讲不过是花拳绣腿，有时间不如去干正事，去完善产品、完善服务。以往，企业家以为让企业得以持续发展靠的是管理和能力；实际上，在互联网时代，企业家还需具备写作能力和演讲能力。对于企业家来说，表达思想和渲染情感才是能够在最大范围内扩张企业知名度和扩大影响力的最佳方法。

也有企业家认为，"演讲"不过是对观众、对消费者说话，只要把演讲稿上的话念完即可。至于说了什么，反响如何，都无关紧要。其实不然。如今的新生代员工和消费者，追求的不再是简单的品牌或产品，而是追求一个具有领袖智慧的人或情怀，并将其作为是否购买产品的衡量标准。比如：在进行一场公众演讲时，善于表达的领导总比不善言辞的领导形象高大，即便是身材瘦小的马云，也会被人看作是商界巨人；能够准确进行上传下达的演讲词总比词不达意的演讲来得更具效率和能力；能够在演讲中活跃现场气氛的演讲者总比笨嘴拙舌的演讲者更具领导魅力。

很难想象，一个口才欠佳的企业家能够支撑企业局面，令企业稳步攀升，令自己成为手握财富的实践者。

还有的企业家认为，演讲也没有那么重要，既不能赚钱，还有可能会出洋相，影响演讲效果，甚至影响企业形象。其实不然。在西方国家，企业家或政治领袖都将演讲视为一项重要的能力。比如，在美国，大到总统选举，小到找工作、学生会主席竞选，演讲都是必不可少的。演讲能展示个人能力，能向他人传递价值观、获取他人的信任。当然，在演讲过程中，演讲者需要注意个人的着装、肢体语言、声音的停顿与控制等。

作为一名企业家，如果你担心在演讲中出洋相，就需要明确自己在害怕什么。比如：不知道如何组织演讲内容？形象不佳？恐惧人多或害怕人少？这些问题，我们将在第二章中一一解决。

不管怎样，演讲能力是一名企业家必备的能力。FPA 性格色彩创始人乐嘉说过："只要你有团队，就一定会面临激励士气的问题。在季度、半年以及年度大会上，你一定需要激励团队的士气，让员工们在一条道路上朝一个目标前进。如果你会演讲，你可以有效地激励团队的士气。如果你不会，你就很吃亏！"

他还说："学会演讲，可以让你成为最会说话的人。无论在什么样的场合，你将会变得更加有穿透力和影响力。所谓穿透力，就是直接击中对方的心房。所谓影响力，就是可以让对方去行动的能力。"

看马云如何用演讲缔造商业帝国

一听到演讲，有不少企业家的第一反应是：有做演讲的时间，还不如去和投资人谈判！在他们眼里，演讲是一场华而不实的"秀"，"低调""干实事"才是值得推崇的企业理念。的确，这样的企业理念难能可贵，但不应该成为排斥和小看演讲的理由。现代社会，演讲被运用得越来越广泛，尤其在商务场合，从做报告、案例分享到合作演讲、商务谈判，再到发布会，演讲贯穿始终。

马云就是靠演讲让全世界认识了阿里巴巴。不少企业家、记者们都在私下讨论：马云讲的无非都是些梦想、价值观、客户第一之类的，但为什么从他嘴里说出来就是不一样。就连郭广昌也曾对史玉柱等企业大佬说："别看马云这么小的个子，一上台就光芒四射，你们这些大个子都比不上。"

马云之所以能让演讲成为自己的撒手锏，主要原因有三个：一是他的英文口语好，好到可以轻松自如地上美国著名脱口秀，与主持人谈笑风生；二是他的幽默和梦想，在国内外，他的话甚至代表着中国经济；三是他的演讲风格。

接下来，笔者着重说一下他的演讲风格：

1. 说话速度缓慢且清晰

如果你听马云的演讲，会发现他的演讲速度较慢，还会出现多次停顿。事实上，他的演讲速度都是经过精心设计的，以求最大限度地吸引观众，让每个听众都可以跟上他的步伐。在讲到重点时，他会停顿一下，给观众回味和思索的时间。

2. 重复重点

在演讲中，马云经常使用重复的修辞技巧。在一次演讲中，他说："很多事都是这么起来的。你要让别人相信，首先你得坚信、相信、坚信、肯定……"

这里的重复是一个很有意思的修辞技巧。他通过重复同样的信息，向观众再三强调自己所要表达的思想及其重要性。

3. 自嘲的幽默

马云的演讲风格十分幽默，他喜欢取笑自己，说自己如何对计算机技术不了解，如何不聪明，甚至调侃自己的样貌。

马云的自嘲幽默既吸引了观众，又能使观众放下防备心，从而拉近与观众的距离。看到他时，你不会认为他是一个遥不可攀的商界巨人，而是一个能与你说笑的、有思想共鸣的朋友。

4. 丰富的肢体语言

在演讲中，马云总会在舞台上来回踱步，用不同的姿态和表情来强调自己的观点。他时而挥舞着双手，时而做些握拳、摊手等手势，时而点头，时而表情夸张……如果你观看他的演讲视频，即便关掉声音，依旧能看出他是一个慷慨激昂的演讲者。

5. 使用类比

在谈论深奥的话题如云计算、风险投资时，观众可能难以理解。而作为演讲者的马云，就会用最简单的语言，通过使用类比让观众容易理解。比如：马云将"大材小用"类比为"把波音飞机的引擎装在拖拉机上"。这种类比不仅能给听众一种直观的感受，引起深思，还能让听众更易理解什么是"大材小用"。

6. 观点鲜明有力

在演讲中，言语直截了当，也是马云一贯的做法。

他从不泛泛而谈，而是持有鲜明的立场，用"是"或"否"，直率地表明自己的态度。当然，有些事情不一定是非黑即白，但不可否认，作为一种修辞技巧，观点鲜明有力比犹豫、矛盾的言论更引人注目。

以下为演讲实录：

马云在北大的演讲——阿里巴巴为什么能活着？

我不懂技术，所以阿里技术是 BAT 中最强的

人们一直认为阿里巴巴的技术可能是中国互联网中最差的，百度李彦宏懂技术，马化腾学技术，只有马云什么都不学，认为马云好像很差。

其实正因为我不懂技术，我们公司技术才最好。

不懂技术，在于我们对技术的尊重，我们没法吵架。如果我很懂技术，我们公司的技术人员就会悲催，我会三天两头告诉他们应该这样应该那样，因为我不懂，我才会好奇敬仰地看着他们说就应该这么做。

事实上也是这样，阿里巴巴的云计算在中国能够发展成这样，在全世界发展成这个样子，重要的原因是我不懂。这不是个笑话。王坚知道，6 年以前，整个阿里决定未来的发展方向是在那个时候，我们认为数据是未来的方向，云计算是未来的方向。但是到底怎么搞，发展 5K 技术、5000 台机器、登月项目等，讲了很多名词，我都没听懂，总之我认为这个一定是未来，不管怎么样，我们是一定要搞下去的。

但是后来腾讯、百度没搞下去，重要的原因是他们的领导知道这个搞不下去，而我是不知道这个搞不下去。我真不知道这个东西有这么难，所以只是说了句这个东西不管怎么样，一定得搞下去。网上很多人说，包括我们公司内部也有一大部分人批评说马云被王坚忽悠了，这个云计算是根本不可能实现的，5000 台计算机合在一起，我根本没听懂。但是我认为如果说我们拥有这个，如果能解决社会的问题，那当然应该做下去。

所以，想也没想，从预算、人头、资金，我们一路投，最后我们走了出来。心里想想，正因为不懂技术，所以尊重技术、热爱技术。这是阿里巴巴走到现在为止，我的一些看法。

我绕了世界一圈，才发现梦想终点就是阿里——但我也嫉妒腾讯

我这次跑了很多国家和地区，在前面 7 天我走了 6 个城市、3 个国家，到了洛杉矶、纽约、华盛顿、巴黎、罗马，然后回来。想到戴珊讲的梦想，我的梦想是什么呢？我那时候学外语，最大的梦想是早上在巴黎，中午在伦敦，晚上在布宜诺斯艾利斯，现在才知道这不是我要的生活，时差颠倒、吃的不合适，语言都在不断地交换，真是非常之辛苦。

但是在路上我学到了很多，也想到了很多，了解了很多东西。

今天到这儿跟大家分享阿里巴巴 15 年走到今天，我们是怎么走过来的。阿里巴巴是一家很幸运的公司，你可以讲它很幸运。这十多年来创业的互联网公司很多，我们走到了今天，这 15 年来我们没有放弃自己的使命。

刚成立的时候，我们公司很小，18 个人，在我家里。我提出了一个很大的理想，就是让天下没有难做的生意。当时做电子商务很难，大家认为电子商务在中国不靠谱，互联网在中国就没机会，别说电子商务。今天的电子商务很热了，这不是今天成功的，是 15 年以来我们坚持每一天、每一个月，挡住了很多的诱惑，那时候大家知道短信最赚钱，后来游戏最赚钱，各种广告模式都出来了，我们有没有眼红过？当然有过，其实有时候压力不可怕，可怕的是诱惑。

我们光看着人家挣那么多钱，但是我们不行，心里不嫉妒吗？嫉妒！就在两年以前，我们一年的收入还不如腾讯一个季度的，我们当然嫉妒，好不

容易今天终于要赶上了，人家来了个微信。

阿里巴巴为什么能活着？

其实，阿里巴巴这家公司有个很重要的出发点。我们一直问自己这个问题，10年以后，中国会发生什么，世界会发生什么，会发生什么问题、有什么灾难，我们可以做些什么？

因为只有这么去思考，你如果预测10年以后大概会发生这样的情况，然后你今天去准备，然后努力10年，10年以后，这个事情真发生了，你的机会就来了。所以，对未来的判断是我们这些人，我们阿里巴巴公司所做的事情。

你今天所有的考虑都一样，我是1995年从大学出来一直在创业，创业非常艰难，起起落落，无数次失败，我后来发现小企业太难，直到今天为止，全世界做小企业依旧非常艰难。

国有企业有国家罩，外资企业有洋人罩，只有小企业没人罩。唯一的办法就是我们如何用高科技、用技术的力量去帮助小企业。做电子商务的话，我们只专注于小企业，我们不去做大企业。

昨天我也在讲，要改变成功人士是非常难的，去帮助那些想成功的人才是最关键的。

我是屌丝，拼不了爹——阿里的"核武器"是价值观和思想

淘宝成功一个很重要的关键，就是我们当时锁定的是20岁左右的年轻人，如果你去说服40岁、50岁的人去适应网上购物，在七八年前，基本不可能，他会告诉你一万个理由，上网危险、不安全。反正你要说服成功人士，他会有一万个理由说这不行那不行，所以我们想办法说服那些需要帮助的人，

说服那些渴望成功的人。所以，我们一直觉得只要世界上存在着抱怨，存在着麻烦，存在着各种各样的不满，我们就有发展的机会。

所以，这是十多年以来我们确定的目标，说 10 年以后需要什么，我们今天就开始去做。因为我们坚信一点，我们在杭州，大家都一样，我也没有一个有钱的爸，也没有一个有权的爸，连有权的舅舅都没有，尽管有 3 个舅舅。

所以，今天做明天就会成功的事情一定轮不到我们，今年做明年就会发财的事情也肯定轮不到我们，我们只能做今年做 10 年以后成功的事情，而且找到一批志同道合的人坚持去做才有可能，一个人是不可能成功的。所以，那时候我们根本招不到人，我 1999 年的时候真没想过还会到北大来演讲。

那时候我们同事跟我讲，我们真招不到人，我说招不到人也没办法。2001 年、2002 年，我们在街上，只要会走路，不太残疾的人只要来报名，我们都要。我们想办法用我们的使命感、用我们的价值观感染每一个人，说服他们、改变他们。

其实，今天阿里最最骄傲的事情是我们真正影响了阿里巴巴人的思想、价值观和生活方式。我们现在大概有 2.5 万名员工，加入过阿里巴巴的人大概有 6 万人，也就是说有 4 万多名员工在这 15 年内离开了我们。

前段时间，有同事给我们写信，为什么离开阿里的人都那么纠结？其实我们这个公司是很纠结，因为我们不像一个普通的商业公司，我们特理想主义。

但是我相信一个真正的理想主义者是务实的，你既要活着，还要为理想奔命，确实比较辛苦。我坚信一点，阿里巴巴的第一个产品是我们的员工，其次才是我们的软件、技术，再其次才是淘宝网。所以，只有我们的员工变化了、成长了，我们的客户、产品才会发生变化。所以，这一点是我们坚持的。

阿里巴巴创办后的四五年间，每次有新员工进来，我一定花2个小时跟大家交流，我跟大家讲清楚，我一定不承诺你们会有钱，不承诺你们会当经理，不承诺你们会买到房子、买到汽车之类的，但是我承诺你有眼泪、委屈、冤枉、倒霉，我们公司一个不会少，都会给你的。前面几排很多阿里的老员工都听我讲过，到我们公司来一定会有冤枉、委屈。当年大家喜欢加入IBM、加入微软，今天我觉得人们对这个兴趣不是太大，从工作条件来讲，淘宝、阿里巴巴绝对不比它们差，但是我就在公司内部坚决反对班车。很多人说我住得很远，路上来回一个小时，甚至一个半小时，最好有班车，我说你什么都可以有，就是不能有班车。为什么？因为我看国有企业都有班车，但都关门了。

我记得我在夜校当老师的时候，也叫走穴，骑自行车到一个工厂门口，我发现很多人排队等在那儿，后来有一天我也等在那儿，5点钟铃声一响，班车来了，大家全回家去了，大家不热爱工作。我觉得如果我们关心、热爱员工，他就该早上起早坐车，你替他安排好的人不可能会成功。阿里巴巴是相对和谐的团队，其实我们看北大和阿里巴巴没什么区别，但是以前我们所有的员工到杭州来找工作，我们是不安排宿舍的。我说如果你连房子都找不到，我并不相信你是个人才，自己找房子去。他必须得跟人打交道，我们不需要读书都能撞电线杆的人，我们需要的是会生活的人，我们公司倡导的是认真生活、快乐工作。

工作不要太认真，生活要认真，只有认真对待生活的人，生活才会认真对待你，工作只是生活中的一部分，工作不是你的全部，工作中如果压力很大，不开心，你是不可能有创新的。

所以，我觉得我们公司最主要的是有一批员工，而这批员工的核心是大家想要在一起。从 6 万名员工到现在只有 25000 名员工，我自己觉得离开的人有各种各样的纠结，因为爱这家公司，外面称之为洗脑，我们称之为被这家公司价值观所影响。我从来没骗过大家，我说进来以后，要坚持为小企业服务，坚持做电子商务。员工进来的时候，我跟大家讲过，我们有眼泪、悲伤、委屈、倒霉，每天晚上加班，反正很辛苦，我从来没骗过大家。

周鸿祎：从马云和张朝阳身上学演讲技巧

360 董事长周鸿祎曾说，他的演讲口才不是天生的，是锻炼出来的。在锻炼的这个过程中，他有过不少糗事。

比如：1998 年创业时，周鸿祎刚拿到 200 万元人民币融资，就花了 10 万元赞助了一场晚宴，原因是主办方可以给他 1 个小时的演讲机会。

为了宣传公司，周鸿祎让公关部准备了很长的稿子。当他上台演讲后，主持人为了节省时间，多次趁机抢他的话筒。他这才意识到，主办方并没有为他安排 1 个小时的演讲时间。于是，台上就出现了演讲者边跑边念稿子的窘迫情景。可想而知，演讲不成功，倒是增添了不少晚宴笑料。

这场晚宴，马云也坐在台下。演讲结束后，马云对周鸿祎说："你应该用三句话总结自己演讲的内容，这样才容易被大家记住。"从那以后，周鸿祎缩短演讲稿件，摒弃废话、多余的话、无关紧要的话，而是凝练语言，精益求精。

此外，周鸿祎在演讲中还有一个问题——忘词。后来他在张朝阳的演讲中，学到了一些技巧。

有一次，张朝阳在演讲的过程中，突然忘词了。在长达 5 分钟的时间里，他都在思索，接着他又继续讲。

周鸿祎想：连张朝阳这样的大佬都会忘词，自己又有什么可恐惧的。从那以后，周鸿祎的演讲进步了许多。以下为周鸿祎演讲实录：

混日子，会让你失去竞争力

我想给新入职的同事讲一讲我的期望，再提几个建议。我这个人喜欢说真话，不喜欢说漂亮话，因为漂亮话没用。但说真话，大家可能不爱听。

首先，大家一定要明白，你来 360 到底想获得什么。

我觉得，第一，你一定得在 360 学到能力、学到本事才行，因为你将来要行走江湖，要扬名立万，靠的就是能力和本事。在座的大多数既不是高干子弟，也不是富二代，跟我一样都是平民子弟。不少是第一代来北京的移民，唯一能依靠的就是自己的双手和头脑。你要想成功，本事是最重要的，其他都是虚的。公司有没有名气、午饭有没有鲍鱼、给你什么 Title，都是虚的。Title 这玩意最骗人了，你真要想有个好 Title，我建议你自己开一个公司，自己就是 CEO 啊！可能还会有人说上班开不开心很重要，但在公司最艰苦的时候，你很可能不会开心。所以，最重要的是你在 360 能不能学到东西，能不能锻炼出能力。在 360，只有有能力的人才能得到更多的资源和更大的舞台。

换句话说，360 只是一道门，现在它向你们打开了，但你能走多远，要看你自己能锻炼出怎样的脚力。

可能有的人要说，我就想找个地方混一混。其实，一个公司大了以后，也一定有地方可以混，我也管不了每一个人。但是，我在互联网行业里干了十多年，看到了很多 Loser。他们都是太聪明，把自己混失败了。大家一定要记住，混日子就是在浪费自己的时间。想一想，你35岁以后还能混吗？那个时候会有更多的年轻人，他们比你更努力，比你更能干，要求也比你低。你要是没学到东西，没锻炼出来能力，他们会代替你的。能力是不能混出来的，而是学习出来的，是锻炼出来的。结果，你在企业里只把年龄混大了，能力没有提升，那么你的人生道路会越来越窄，也丧失了最好的学习机会。

所以，如果你不喜欢360，你一定要尽快换工作，尽快找到自己喜欢的事情，找到一个值得自己去投入的事情，至少你不会浪费自己的生命。如果你选择360，仅仅是因为公司的名气，就想混，吃亏的是你自己。想想，你再能混，能混我多少钱啊？你一年混我20万，5年一共也才混我100万啊，这对我来说没什么，但是你在这里白搭了自己5年的时间。你5年的青春值多少钱？难道只有100万吗？

这话我不仅对新入职的同事说，对很多大学毕业生都是这么说的，这只代表我个人的看法。即便你不是来360，去别的地方，也要思考这个问题。

你再看看你的周围，是不是也会发现有混日子的人？有些人在那里混，混得都离不开公司了，结果丧失了竞争力。要知道，靠自己省吃俭用攒出的工资，是攒不出一个人生来的。你要在360发财，有可能，前提是你的本事要达到一定的层次。

有的人可能会问：周鸿祎有钱了，为什么还干得这么带劲？我可以直截了当地告诉你，在360，我其实是在给大家打工。我做360这件事，是因为它让我激动，干这件事能大大地满足我的成就感。

那么，在360到底能学到什么本事和能力？很多！比如好的方向、经验和执行力，领导力、沟通能力、团结别人的能力、市场营销的能力，等等，有太多的能力是你可以在360学习的。你可能又会说，在别的公司也能学到啊！我可以跟你说，你在360掌握这些东西，学会这些本事，能比在其他公司的时间更短，速度更快。

我也希望你们能拿到360的期权，这很简单，这是我们行业的规则。这个公司我不是大股东，投资人是大股东。我们所有员工的期权加起来也是一个很大的比例。我们都希望公司最后能够上市，做到像百度和腾讯一样的规模，有一个不错的市值。我也希望很多人能淘到第一桶金，解决你在北京买房子的钱还是有机会的。

但这些都不是从天上掉下来的。你在360必须要努力，必须要做得好，这样你才能锻炼自己的很多能力，成长得也很迅速。除了发财以外，你的能力和本事还能给你带来影响力，给你带来好的声誉。现在，即使敌人提起我，都会说周鸿祎做产品很牛，是在互联网上做客户端做得最好的，除了QQ，不是我做的，就是我手下做的。但如果我手里没有东西，我天天在这里吹，说老周是中国最会做客户端的人，打死你都不会信。

所以，只要你在360踏踏实实做下去，我相信每个人都有可能做成功一件事情。这件事可能很简单，比如说打补丁，但你做到极致就变得有价值。而这件事情就是你身价的最好证明。由于你有这样的经历，可能就有人愿意为你投资1000万元。

大家不要听完我说的话就跃跃欲试去创业。创业的机会时刻存在，但是成不成功取决于你的能力，取决于天时地利人和。在360，大家能提高自己创业的能力，能结识自己创业的伙伴，也能获得一些创业的资源。也许几年之后，你在360告一段落了，你就真的可以去创业，去创办自己的公司了，那个时候你从360淘到的，就不仅仅是第一桶金，那就将是你人生的第二桶金。所以我觉得，我们的所有员工只要你有能力，有这些经历，靠自己的双手、大脑和聪明才智，就有机会获得或大或小的成功。

成功是需要时间积累的，我1995年研究生毕业，刚来北京也是一无所有、一穷二白。到方正之前，我其实也创过业，但是没有成功。所以我总结出一个经验：做公司很容易，把公司做成功很难。我决定在方正公司踏踏实实工作几年，那几年我不仅是在为公司打工，更是在为自己积累经验。所以，我在公司认真地做好我该做的事情，甚至还做了很多公司没想让我做的事情。我客观上为公司做了很大贡献，但实际上我个人是最大的受益者，因为我得到了很多锻炼，做事的能力提高了很多。如果没有这个经历，我是没有能力出来做360的。

我在雅虎的时候，大家觉得我是个职业经理人。职业经理人是什么形象？整天西装革履，说着洋文，执行总部的指令。我在雅虎打工，本来也是可以混的，这样还能拿到一大笔钱，但是我不想混，不愿意混。我觉得我的时间宝贵，在雅虎混的时间久了，我就和这个行业脱离了。所以，在雅虎我也是一样怀着创业的精神，在努力地做事，把搜索、门户、邮箱做起来了。我努力地提高自己的能力、经验和见识，这才使我之后有能力去做投资，做奇虎，做360。

你们面前摆着很多的机会，但我可以告诉你，360就是在你们眼前最好的一个机会。当然，你可以去腾讯，去百度，去淘宝，但这三座大山已经很成功了，已经具有了很大的规模，你在那里最多会成为一个螺丝钉。现在的360不是一个上市公司，未来会有很多的机会等着你，你可以在其中做出很多的贡献，拿到公司的股票和期权。但你能不能把握住这个机会，取决于你的经验和能力的积累。所以，大家不要以打工的心态在360工作，我这里不需要打工的。

我希望大家来360，是和我合作几年。无论以后是否还在360工作，大家都能够在360做成一些事情，在能力上能够有所提升，这就是我的期望。

我希望大家在360是抱着一种给自己干的心态，积累你的知识，积累你的经验，积累你的能力。这也是我这么多年来在北京，在这个行业里屡败屡战之后的一个深刻的体会。

另外一点，我希望你在公司做事，一定要争取把一件小事情做成大事，通过做这件事情你也能得到成就感。如果有一天你开一家公司，也许很挣钱，但不一定很有成就感。当你挣到你的第一个100万元之后，你会很有成就感。挣到你的第一个1000万元之后，你也会很有成就感。但再往后，就变成了一个数字的游戏了，你就没感觉了。

但是，今天我们大家聚在一起，我们完全有能力做出来一个影响中国几亿人的产品或者服务，这种成就感会让你一辈子都感到骄傲。甚至你有孩子的时候，有一天他问你："你年轻的时候为互联网做了什么？"你就会很骄傲指着电脑上的360说："你老爹当年就是干这个的。"这样，不仅你自己感到骄傲，他也会为你感到骄傲。

我觉得，人的一生不一定能干成某一件大事，但是一定要去追求，或者和别人一起干成一件非常大的事情。我希望未来大家提到我，会说我做了很多事情，或者成功，或者失败。但我更希望大家能说我干成了360，让中国互联网更加安全。我颠覆了一个时代，我创造了一个新的网络安全的时代。

几年以后，当大家想起我今天的话，我希望大家不要感到后悔来到360，至少你在360学到了很多东西，然后通过自己的努力在360挣到了钱，然后通过自己做成一件事有了成就感，同时也建立了自己的影响力。

最后，我想说的是，大家一定要保持一个好的心态。你进公司时，可能由于面试的仓促，交流不充分，给你的职位低了点，给你定的工资不像你期望的那样高，但我觉得你今天拿的工资并不代表你的身价。只要你锻炼出能力，有了本事，即使360没有给你发挥的空间，你也不用天天发牢骚，你完全可以用你在360学到的本事，选择其他公司，去创造一个更加美好的未来。

当年我在方正的时候，我学到了我所需要的能力，当我认为它不能够再给我更好的成长平台时，我可以毫不犹豫放弃它。相反，如果你没有能力，选择在那里混，你永远没有勇气选择放弃一家公司。要记住，勇气不是个性，勇气不是脑袋发热，勇气是由实力构成的。

在座的各位，今天你们拥有的更多是潜力，而不是实力，我希望在未来的几年时间里，大家把自己的潜力转化为实力。也许，在我们当中，会产生很多新一代的互联网精英，这完全有可能，因为互联网的未来毫无疑问是属于年轻人的。所以，我未来的梦想，就是在360成功之后，专注地去做投资人，帮助更多的年轻人去获得成功。

人力资源部常常劝我不要和大家谈创业，怕大家想着创业，第二天就辞职回家办公司了。我和大家讲，创业其实是一种精神，是一种心态。创业有很多种形式，不是只有自己办公司、自己当老板才叫作创业。当你的人生还处于起步阶段，你还不具备足够的经验和能力，就需要给人当学徒，需要学习和积累，其实这个过程也是创业。

也许你想干一件很大的事情，但要借助很多资源，这时候你可以在公司内部创业。我们公司有很多人是在360内部创业，他们为什么放弃了自己的小公司来到360？因为他们无论再努力，但由于没有足够大的平台，无法将事情做大。所以，他们现在追求的不是能得到多少钱，而是先做成一件大事，为以后再独立做事打下基础。

今天，360还是一个创业公司，不是一个大公司，更不是一个国际化的企业，我们就是一个创业公司。我们内部有很多创业团队，我希望加入进来的各位能成为合格的创业者，和公司一起创业，在这里要学习到创业的能力，打造自己的基石，这是我的期望。

第 2 章

你为什么害怕演讲？——别让不会说话害了你！

唯有恬静的心灵才能盛开智慧的花朵，优秀的演讲者也是一个聆听者。

——千海语录

不会组织演讲内容

对于一部分企业家或企业总裁来说，一定会有这样的经历——当要进行某个主题的公众演讲时，会认真查阅与主题相关的资料，反复斟酌、琢磨以及预测演讲效果。当写完了一篇堪称完美的演讲稿，为了稳妥起见，会找亲友或同事来听听演讲内容。遗憾的是，效果可能并不好。

亲友或同事会认为，演讲内容平淡无激情，内容重复、重点不突出，废话太多、没有干货，像一个人的自说自话，没有互动……

你想不明白，为什么与人说话时，自己能做到妙语连珠、字字精辟，频频收获掌声，可一旦写演讲稿，问题就会不断出现？此时，你开始羡慕那些会组织演讲内容的人，想在他们身上寻求一些经验。比如：马丁·路德·金最著名的演讲——I Have a Dream。相信每一个听过或看过这篇演讲的人，都对他那雄浑的语调和激昂跌宕的词汇难以忘怀。

再如，画家陈丹青的演讲。虽然他不是一名企业家，但我们依旧能在他身上学到演讲的技巧。几年前，陈丹青曾在北京师范大学进行了一次演讲。那天，演讲还没有开场，台下早已座无虚席，就连台阶和讲堂都站满了人。在这些人中，除了本校的学生，还有慕名而来的人。你肯定会想：他只是一个画家，又不是演说家，为什么还会吸引到这么多人？

原因就在于他会组织演讲内容，且有演讲风格。归根结底，就是他会说话，懂得如何将自己的思想通过演讲的方式传递给听众。而这些思想和言论，满足了台下莘莘学子和精英们的求知欲。他们会在听演讲的过程中或演讲结束后，对自己曾经不理解的地方恍然大悟，或是听到某些观点时如醍醐灌顶。分享思想、传递思想的过程，是一种美妙而神奇的体验。

试想一下，如果你站在演讲台上，聚光灯打在你的身上，台下坐满了观众，他们的眼睛里闪烁着求知的热情。而当你自说自话地念完演讲稿，丝毫不在意台下观众的反应时，那结果可想而知，这是一次失败的演讲经历。

事实上，不会组织演讲内容的大有人在，他们不知道该从哪里讲起，到哪里结束，不知道该讲些什么内容，不知道观众想听什么内容，于是就让自己陷入纠结、矛盾的境地。

要想改变这种境地，就要了解其他企业家的演讲内容，以及受欢迎的演讲内容，总结其精华，练习其技巧，并要深刻明白：写好演讲内容，就是把握好与观众在思想上的交流。

形象不佳或有生理缺陷

没有十全十美的人，即使你是事业上成功的企业家，也会有众所周知或不为人知的"缺陷"，如形象不佳、生理缺陷等。而这也是导致你不敢在大庭广众之下演讲的直接原因。你害怕别人的眼光，害怕观众用挑剔的心态和有色眼镜来检视你说的每一句话，或者嘲笑你不合时宜的小动作。

于是，你开始变得紧张，身体也开始止不住地发抖，你拼命想控制身体，却发现无能为力！接着，这颤抖蔓延到你的喉咙里，你说话的声音也开始颤抖了，讲话支支吾吾，脑袋一片空白。此时，你终于意识到：天啊！我忘词了。

你站在镁光灯下，惊慌失措。望着黑压压一片起哄的人群，尴尬的你恨不得找个地缝钻进去，随即狼狈离席。

对此，新东方教育集团创始人俞敏洪为我们总结了两点：

1. 认同自己：心若不死，就会有未来

俞敏洪说："我在北大的时候，还是一个比较土的人。其实在徐小平和王强心目中，我从来没有洋气过。直到今天，他们在任何场合讲话依然把我叫作农民。我的确有农民的性格和农民的踏实……"

"在北大的时候，我就是徐小平、王强取笑的对象，一路走来我非常悲哀地发现，到现在为止他们在任何一场演讲中依然在取笑我，但是我也非常欣喜地发现这样的取笑已经进入了不同的层次。在北大的时候，他们是因为鄙视我而取笑我，但是现在他们是因为尊敬我而取笑我，这表明我的成长速度比他们要快……"

"在大学的时候，假如徐小平和王强讽刺我，我是会有跳湖的冲动的，尽管未名湖比较浅，跳下去不会被淹死。但是现在，他们调侃也好，讽刺也好，我的内心已经对自己有了深刻的认同，承认自己的价值，认同自己已经发挥了才能并为世界做过些什么，所以我再也不怕讽刺和打击。一个人真正的成长首先是你内心要承认自己的存在和价值，从而忽略别人对你的眼光，从此执着于自己的梦想，执着于自己的内心，再也不去关注外界的眼光和别人对你的看法……"

2. 当你活在别人眼中，你就没有自己

俞敏洪说："一个人最怕两种状态，一种是你本来有这么高，但你把自己

看得这么矮，当你把自己看得这么矮的时候，你的内心就充满了自卑。一个内心充满自卑的人永远看不到自己的优点，而且会非常敏感，甚至别人的一个眼神都会让你认为是恶意的或者是有点看不起自己的感觉；第二种状态是人本来就这么矮，但他非要把自己看得这么高，这就是过分的自傲和狂妄。"

"大学中，过分自卑的和过分狂妄的都大有人在。毕业后在未来能够取胜的人，都是能够非常理性地看待自己，对未来充满了斗志，并且自信的人。这一点，在大学的时候我并不明白，大三时我得了一场肺结核，医生说像我这样的人怎么可能得肺结核，在农村吃了那么多苦，18 年几乎没吃过肉，都没得肺结核，结果在北大天天能吃到肉还会得肺结核。我说我学习特别刻苦，但考试成绩总是上不去，又没有女生爱我。医生说，这些才是真正的原因。"

"当你非常自卑的时候，连身体都会生病。但这场病其实救了我，因为我一下子跟同学拉远了距离，上一届的同学已经离我远去，下一届的同学跟我不熟悉，所以，我想跟别人比都没得比。这个时候，我突然有了一种豁然开朗的感觉，一下子胸怀宽广了——为什么我要跟人比，我就是我自己。我给自己定了一个不太高的目标，就是先满足于自己拥有的。"

"当时我拥有的，是我可以在北大毕业，但我知道自己一定得不到高分，所以目标是'60 分万岁'。我在北大毕业时候的平均分是 67 分，依然是全班倒数第 5 名，但毕业的时候我已经有了一个非常良好的心态。"

在毕业典礼上，俞敏洪讲了这么一段话："同学们，你们都很厉害，我追了大家 5 年，一直没有追上，还得了一场病。但是，请同学们相信，只要我还活着，我不会放弃。你们 5 年做成的事情我做 10 年；你们 10 年做成的事情，我做 20 年；你们 20 年做成的事情，我做 40 年……"

"如果这辈子实在是追不上大家，我会保持身体健康、心情愉快，到了

80岁以后，把你们一个一个送走了我再走。其实，当你真心想要追赶的时候，不需要40年，更不需要80年，差不多你比别人多花5~10年的时间就足够了。但追上去有一个前提条件，就是你要努力让自己成长。"

缺乏自信：害怕观众过多或过少

当看到"你为什么害怕演讲"的这个答案时，相信有不少企业家会感到不解："我就是不敢上台演讲，怎么会是'缺乏自信：害怕观众过多或过少'呢？我可是一家企业的'老总'，跟别人说自己害怕观众多或观众少，那不是让人笑话吗？"

可能我的这个答案没有直击问题的本质。深究原因，答案只有一个：不够自信，无法克服内心的恐惧！你害怕人多时，会因紧张而忘词，说话结巴，你会担心表现不好，遭人嘲笑；你害怕人少时，没人跟你互动，从而让自己的自尊心和总裁威信受到质疑。

因此，有的企业家就会制定一套"逃跑机制"。当准备进行一场演讲时，如果害怕去做，或者认为自己做不好时，就会本能地缴械投降。

有人说，对上台演讲产生恐惧的心理，大多跟儿时的经历有关。比如：在生活或学校，当你兴高采烈地发表自己的意见时，家人或老师会说"咬字清楚点，不然谁听得懂你在说啥！""你在说些什么鬼东西？我完全不懂！""大人讲话，小孩插什么嘴！"之类的话，还搭配上不满的表情或肢体动作，让你不得不赶紧闭嘴。为了避免这类情形的出现，你不再在公开场合发表意见了。这样一来，你既失去了自我表达的机会，也很难建立自信。

如果这是你上台恐惧的根源，那么请告诉自己：年幼时，是长辈或老师的说话方式或教育方式有一些问题，我需要原谅他们，改变自己，不能再让这些恐惧成为成年后向前的阻力！

关于自信的问题，京东集团创始人刘强东有着深刻的理解，以下为刘强东演讲实录：

我今天想跟大家分享，在目前的国内形势下，我更加缺乏的是企业家的自信心，缺乏超越整个社会、超越舆论的一种自信。其实，我们中国有很多企业的创新是很了不起的，但在市场上，在老百姓的心目中，在媒体的眼中并不值得一提。举个例子，拿京东商城和国外阿玛森（音译）相比，3 年前我们开发了一个自动提货系统，我们把包裹放在电子柜里，把柜子放在地铁站，客户下了地铁输入密码就可以把柜子打开，将东西取出来。因为跟地铁站没有谈拢，后来放在地铁卖快餐的地方。去年，英国阿玛森推出地铁放置电子商务柜台和系统，受到全球的追捧。在美国要想上午 11 点下订单，下午 3 点送到家，他做不到，那不是钱的问题。而在中国，我们在 27 个城市不仅做到了，还是免运费的，客户觉得这是应该的。我今天不是在抱怨，而是更想说在这种环境下，要支撑一个企业和行业走下去，企业家的自信是非常重要的。如果丧失了这个自信，受到舆论的压力，企业就会在某一个阶段停止创新、停止前进的脚步，甚至走回头路。

就像刘强东所说的那样，如果企业家没有了自信，那么企业将会很难走下去。同样的道理，演讲也是如此。没有自信的演讲者，就无法收获忠实的听众。

为了解决这个问题，下面有几种方法，供读者参考。

1. 自信从自律而来

苹果联合创始人史蒂夫·乔布斯说过：自由从何而来，从自信而来，而自信从自律来。他一直身体力行地掌握自己的时间。网上盛传，他每天凌晨 4 点起床，9 点半前会把一天的工作做完。这句话的真假先不去考证，我们应该把目光放在自律上。试想一名企业家连时间都控制不了的话，还谈什么自信！

2. 直面自我

电影《中国合伙人》中，孟晓骏是精英知识分子，拥有超强的自信，他从内心认定，不论身处何方，自己都是最优秀的人。孟晓骏留学美国后，想要一展抱负，却遭遇了理想与现实的冲击——他在美国根本找不到工作！

后来，受朋友成东青之邀，孟晓骏回到中国，开始了公众演讲。面对黑压压的听众，他变得不知所措，甚至头晕、恶心、头皮发麻……此时，讲台犹如荆棘丛生的荒原，让他想逃却又无处遁藏。终于，在众人的嘘声中，孟晓骏走下演讲台。此后，孟晓骏开始了一对一的模拟签证辅导和出国留学咨询，受到学生的一致好评。

敢于面对自我，是击退恐惧的第一步。需要注意的是，电影毕竟是电影，现实要比电影残酷得多。

作为一家企业的总裁，会一直通过"一对一演讲"来传递自己的思想吗？当然不能！这是一个靠团队来协作的时代，是互联网时代，不是靠个人的喜好就能在某个领域占得一席之地的时代。不管你是否愿意站在演讲台上，在你的背后，总会有一股神奇的力量促使你站在大众面前慷慨激昂。

学会接纳自己的缺点，是击退恐惧的第二步。站在某一个高度，人就有了某个高度的责任感。当抱有这样的态度后，相信你的自信便会油然而生，演讲能力也会在短时间内得到最佳的提升，与之前的演讲水平相比更是不可同日而语。

害怕面对镜头

企业家向演讲家"转型"，就意味着他们要经常在公众面前、媒体面前演讲。在平时，他们可能演讲得不错，可一旦面对镜头时，就会变得语无伦次，无法发挥出正常的演讲水平。

在面对镜头或面对观众时，有些企业家会有一种恐惧感，甚至认为公开演讲比死亡更可怕。其实，害怕面对镜头，与个人的心理素质有很大关系。平时，与人交流时，能看到对方的眼睛以及反应。而在面对镜头时，演讲就失去了原有的互动感。这就是部分企业家会在镜头前无所适从，眼神飘忽不定，从而变得脸部肌肉僵硬，肢体语言表达不准确，最终匆匆结束演讲或访谈的原因。

其实，在镜头面前完全不需要太紧张，最初你可能会因为不适应这种演讲方式，出现种种状况，而此时你首先要做的就是改变自己的胆怯心理，增加自信。具体的做法是：多在镜头面前练习演讲或是参考上节内容。

要明白作为一名企业家，你的公开演讲不仅代表自己的形象，更代表了企业的形象。在某种程度上，企业家是和企业画等号的，所以企业家的个人形象非常关键。比如：京东和刘强东、阿里巴巴和马云。

当明白这些后，相信你的勇气一定会战胜胆怯的。

第 **3** 章

决定演讲成与败的几大因素

好的演讲内容就像花儿绽放，而听众就像蜜蜂一样被吸引。

——千海语录

演讲失败的原因：四种要避免的演讲风格

在公众演讲中，除了自信、演讲技巧和流利的语言，更重要的是有价值的思想。任何一位企业家，如果能在听众的内心唤醒某种力量，能在听众头脑中植入一种新的观念，那你就成功了。

可以说，一场精彩的演讲是演讲者与听众共同经历的一场旅行。在这个过程中，演讲者宛如导游一样，将听众带到一个又一个美丽的地方，答疑解惑。如果演讲者没有这种奇妙的体验，那可能就走进了演讲的误区，就会导致演讲失败。

优秀的演讲有很多种，但糟糕的演讲却有迹可循。如以下四种演讲方式，演讲者就应避免涉足。

1. 强迫性的"推销"

有些演讲者模糊了演讲的本质，他们将自己置于一个"领导者"的位置，充分展现自己，甚至推销起了企业的产品，完全忘记了演讲的重要原则：演讲者演讲的目的是给予，而非索取。如果演讲的主题不是产品发布会，那演讲者应该做一个慷慨的给予者，为观众带来精彩的演讲和传递思想，而不是做一个令人讨厌的自我推销者。

在听众眼里，如果演讲者的演讲是没有内容的，那他们一定不想继续浪费自己的时间，从而起身离去。如果演讲者的内容都是以推销为主，那他们一定会认为自己被绑架了，听了一场假的演讲。

2. 没有清晰的脉络

有些企业家生性洒脱，会选择脱稿演讲。于是，演讲就会出现这样的一个问题：他们会想到哪里说到哪里，有时还会被某个观众提问或因与听众互动，一个话题没有讲完就转移到另一个话题上。

这样就会导致整场演讲没有一条清晰的脉络，没有鲜明的观点或内容。当听众哈哈一笑过后，可能就会忘记演讲者具体讲的是什么了，而演讲者也错失了通过演讲来传递思想、宣传自我和企业的最佳时机。

为了解决这个难题，就需要演讲者在演讲前，多花费一些时间和精力，明确演讲主题和组织好演讲内容，尽最大的能力赢得听众的喜爱。

3. 语言过于平淡

在演讲中，演讲者的热情和语言往往能把控全场。倘若演讲者的语言过于平淡，那自然就没什么吸引力，听众也会频频打哈欠，如以下的演讲词：

"2005 年在达拉斯，我们就在这幢办公大楼里创立了一个新的部门，目的是研究怎样才能减少能源消耗，我将这项工作委托给我们的副总裁汉克·伯汉姆先生……"

这句话中虽然明确了目的并指定了委派人，但并不会给观众带来什么新鲜感，也没有任何的互动，很容易让听众走神。

如果把这句话改成"2005 年，我们有一个惊奇的发现，每个办公室都有可能削减 60% 的能源消耗，同时其生产几乎毫无损失。我来分享一下我们是怎么做到的……"

这样的演讲方式，就会给观众一种兴致勃勃的感觉。这句话中的

"60%"着重说明了演讲目的，让人眼前一亮，甚至觉得惊讶。随后，听众就会集中精力，跟随演讲者的脚步，去看看他们是怎么做到的。这样一来，演讲就有了互动，有了感染力，又展现了自己的能力和企业的能力。

4. 只有形式，没有内容

有些演讲者，为了活跃气氛，迅速抓住听众的耳朵和眼球，会盲目模仿一些演讲形式。由于过分追求技巧，就会导致演讲只有形式，没有内容。

相信每个演讲者都渴望得到掌声，因为这意味着被认可。此时，演讲者应该明白：试图通过漂亮的包装来让听众"买单"，无疑是愚蠢的。

只有形式没有内容的演讲，有可能会博得听众的喝彩，却不会传达任何实质性的内容。演讲是一种表演形式，但它是有前提的，它需要传递的是对听众的真诚以及个人的智慧。

演讲成功的基础：四条要明确的演讲主线

想让演讲成功，就需要明确四条演讲主线。什么是主线呢？通俗来讲，就好比你开始了一场旅行。在旅行前，你一定会规划好旅行路线，先去哪里，再去哪里。如果你走到一个目的地后，突然发现了一处美景，就改变了原有的路线。那么，这场旅行就没有了主线。

同样的道理，演讲的主线就是可以确保听众不会在演讲中出现思维跳跃，而是跟着演讲者的思维一直走到目的地。

那么，如何在演讲中找到主线呢？

1. 掌握听众的信息

在演讲前，演讲者要尽可能多地掌握听众的信息。比如：听众是谁？听众的职业是什么？听众的知识水平如何？听众会希望在这场演讲中获得什么？听众最关心的问题是什么？此外，演讲者还需要参考以往的演讲者经验，从而真正把听众放在"主角"的位置上。

在寻找和归纳听众的信息时，要避免面面俱到，如什么方面的内容都想要说一些，试图照顾到所有听众的喜好。这样一来，就会让演讲主线过于分散，且没有独立的思想。

正确的方式是把一系列主题简化成一根紧密连接的可以展开的线，确定好主线，演讲者自然会筛除多余的内容。在某种意义上，演讲者涵盖的主题越少，效果就会越好。

2. 熟悉演讲内容

一个不熟悉演讲内容的演讲者，很容易上台出错或增加对演讲的恐惧。比如：因紧张而出现说话语无伦次的情况。

为了避免这种情况，演讲者应该熟悉演讲内容，心理上有一个准备。熟悉演讲内容，更方便演讲者在头脑中设计大致的演讲框架，可以让自己知道先讲什么后讲什么，或这样讲能获得什么样的效果。

3. 充分展现个人演讲特色

对于企业家来说，一对一的谈话让别人感兴趣并不难，但吸引一群人的注意力就另当别论了。所以，演讲者要在演讲中充分发挥个人演讲特色，如自信。在演讲中，你表现得越自信，个人的演讲特色就会越鲜明。与此同时，不要害怕演讲的时间不够。事实上，演讲越短，演讲者就越要保证演讲的影响力。

接着，我们来看一个成功的一分钟演讲范例，它是创业公司 Frontdoor（美国 HGTV 家居频道下的一个房屋信息类网站）的创始人 Emilie Elice 所演讲的内容。

内容如下：

我有个很重要的问题想问在座的各位，这需要你们花上一段时间仔细思考。你们生命中最重要的一个东西是什么？

（停顿 3 秒，供听众思考）

让我来告诉你们：是时间！有了更多的时间，你可以多拜访朋友和家人，赚更多的钱，更好地照顾自己。

如果在短暂的演讲中，你没记住几个字，那请记住这个：我们的产品——Frontdoor（停顿 1 秒），能帮你，节省更多的时间。

它是怎么做到的呢？Frontdoor 能利用 AI 帮助所有者和潜在客户最高效地利用注意力。如果你想了解 Frontdoor 是怎样工作的，以及为什么我们的 AI 好评如潮，请找我聊聊，我非常想告诉你们更多。

4. 抓住听众的注意力

有人说，演讲的前 30 秒能决定听众的去留，这不无道理。一个好的开场白，确实能抓住听众的注意力，而平淡无奇的开场只能让听众昏昏欲睡。

所以，在正式演讲前，演讲者可以问听众一个有趣的问题，调动听众热情；分享一条小新闻或有用的数据，让听众觉得有价值；讲一个小故事，吸引听众的耳朵；讲一个小笑话，活跃现场的气氛。

当然，即便你成功度过决定听众去留的 30 秒，也不意味着你赢得了听众。如果之后的演讲内容不够出彩，听众依旧会昏昏欲睡或选择离席。为了给演讲增光添彩，从头到尾抓住听众的注意力，你可以为演讲内容增加以下步骤：设置几个问题，与听众互动；做一个幻灯片，用图片或视频来吸引听众；运用真实的案例或生动的比喻，让听众耳目一新。

第4章

当众演讲的艺术：其实演讲很简单

整个世界都可以评判你，唯独你自己不可以评判自己，演讲者的自信来自于放下评判。

——千海语录

当众演讲，你最欠缺的是什么

在进行演讲前，你是否有过这样的反应：心跳加剧、颤抖、流汗、口干舌燥或是频频上厕所？如果你有这些症状，就说明你怯场了！

怯场，是每个人都会有的一种心理障碍，有的人表现得强烈，有的人表现得没有那么强烈。而当强烈的心理占据上风时，你的面前就会出现一道障碍。

马克·吐温是著名的幽默大师和演讲家，他曾经说过："上台伊始，就感到嘴里像是塞满了棉花，脉搏跳得像在争夺百米赛跑的冠军奖杯。"古罗马时期最伟大的演讲家西塞罗也曾说过类似的话："一开始就感到自己面色苍白，四肢和整个心灵都在颤抖。"

1993 年，布拉斯金·戈德林调查公司曾做过一项调查，结果显示：有45%的人在当众讲话时会出现紧张的情绪。

亚特兰大行为研究院的罗纳德·塞弗特也曾做过一项研究，结果显示：有4000 万美国人不喜欢发言，他们宁愿做任何事也不愿意当众讲话。

看来，无论是演说家、能言善辩者，还是普通人，都会出现怯场的情况。事实上，你之所以会怯场，正是缺乏勇气和自信。在前几章中，我也提到过和自信有关的内容，为什么在这里还要提起？因为自信在很多方面，都起着至关重要的作用。自信，并不是一个虚拟的词汇，它需要落到实处。

对于演讲来说，只有做好充分的准备才会具备自信。这就好比上战场，一名士兵不带武器又怎能打胜仗？演讲者千万不要把演讲看得很难，其实，当众演讲很容易。

接下来，我说几点实用的方法，以供演讲者参考，从而克服上台演讲的恐惧。实际上，只要按照这些方法操作，你将会在短时间内收获显著的效果。

1. 不要死背演讲词

有些企业家为了做好演讲的"充分准备"，便逐字逐句地背诵演讲词。虽然这个办法有效，能避免在听众面前大脑一片空白，但同时，这个方法也是愚蠢的！这意味着演讲者开始自说自话，说不定听众的一个提问就会打断演讲者的思路，导致演讲进行不下去。

如果你也有这种"习惯"，就要立马摒弃，以免浪费时间和毁掉整场演讲。其实，演讲者不必将演讲看得"有套路"，轻松一点儿，把演讲看作是与人交流就好了，不必费心思推敲字眼。

当演讲者放轻松时，思维也会变得清晰，这样一来，演讲就会自然很多。

2. 汇集生活经验

多年前，查尔斯·雷诺·伯朗博士在耶鲁大学做当众演讲时说过："谨慎思考你的题目，酝酿成熟之后，它会散发出思想的芳香……再把这些思想简要地写下来，只要能表达清楚概念即可……通过这样的整理，那些零散的片断就很容易安排和组织了。"

所以说，演讲者平时应该留意生活中有意义的经验，然后对其加以思索、理解或感悟，最后整理起来。

3. 进行演讲模拟训练

历史学家艾兰·尼文斯曾说过："找一个对你的演讲感兴趣的朋友，把你要说的话尽量详细地讲给他听。通过这种方式，可以帮助你发现可能遗漏的见解、事先无法预知的争论，并找到最适合讲述这个故事的形式。"

为了保证演讲万无一失，演讲者可以将自己的演讲内容告诉朋友或同事。相信我，你身边肯定有人会愿意听你那慷慨激昂的演讲。此时，你可以仔细观察对方倾听演讲时的反应，并询问一下对方对你的演讲内容有什么想法，说不定他会为你提供一些有价值的建议，能够让你醍醐灌顶。此外，你还需要对自己进行积极的心理暗示，并相信自己是可以的。

练习胆量，就是要敢讲、能讲

对于演讲者来说，当众演讲是锻炼出来的。如果你的当众演讲不尽如人意，有可能是你的口才潜能被埋没了，只有不断练习，口才潜能才能被激发出来。

现在，我跟大家分享一下开发和提升口才能力的方法——敢讲和能讲。

1. 敢讲

顾名思义，敢讲就是能大胆地站在公众面前讲话，也就是有胆量。美国著名的口才培训大师卡耐基曾说过："一个人敢于站在公众面前讲话，是他走向成功的第一步。"

对于很多演讲者来说，敢讲是完成演讲的第一步。有人曾做过一项调查，结果显示：世界上最让人恐惧的事不是死亡，而是演讲。对于很多人来说，站在大众面前演讲，比叫他去死还要恐惧。

这个结果着实令人意外。中国首富王健林说过："清华北大，都不如胆子大。胆子大的人，没有干不成的事！"可见胆量的重要性。

要想变得敢讲，变得胆大，不如试试"自我嘲笑法"。比如：在登台后，演讲者可以开诚布公地对听众说："我现在很紧张。"当你说出这句话时，听众一定会哈哈大笑，气氛一下子变得轻松起来，这对你的演讲有很大的帮助。

此外，无论是"演讲新人"还是经验丰富的演讲者，都需要明白演讲不需要追求完美。有些演讲者紧张，很多是因追求完美造成的。记住：出丑了，不用当回事。今天的出丑，正是为明天的出众奠定基础。

2. 能讲

能讲，就是演讲者突破内心的恐惧后，能在舞台上把想说的话自如地表达出来。有些演讲者，有很多想法，可一站上舞台，说话便没了逻辑性，让听众听得云里雾里的。

此时，演讲者就需要记住一个演讲公式：回顾过去+讲述现状+展望未来。这个公式可以让你在任何演讲场合都有话可讲，且逻辑性强。

在演讲时，你还需要注意以下几点。学会这些，你一定会由衷地说一句："演讲，就是这么容易！"

比如：

演讲时，忘词了。不要紧张，直接跳到下面的话题，别人是不会注意到你的失误的。

演讲时，遇到重点，稍微停顿！优秀的演讲者总会利用间隔的停顿，将自己想要说的重点更清晰地表达出来。

演讲时，如果听众们的眼睛让你情绪紧张，那就不要与其对视，而是要把视线放在听众的头顶。

演讲时，眼睛不要左右乱看，这样很容易让自己精神不集中。

演讲时，要用简单的语句表达自己的思想，不要过于咬文嚼字。

演讲时，可以适当地使用肢体语言，做些手势，切记：手势不宜太死板。

演讲时，如果你因紧张有点发抖，千万不要用手拿稿件，这样只会让你的紧张暴露在灯光下。此时，不如把手握紧成拳头或扶着讲台。

五种语言技巧，有效地增强演讲效果

除了自信、勇气，在演讲中还有一项比较重要的技巧，那就是语言技巧。如运用生动的语言、拟人的修辞手法，总能使作文赢得评卷老师的青睐，甚至赢得高分。在演讲中，语言技巧也不例外，能让你赢得演讲高分。

演讲者为了让听众接受自己的观点，实现演说目的，也需要运用各种语言技巧、修辞手法来为整场演讲增添感染力和号召力。

一位演讲学家曾说过："从本质上来说，演讲是一门语言艺术，而语言艺术是离不开修辞的。"从演讲的实践活动来看，演讲者离不开比喻、排比、引用、对比、设问、反问等修辞方法，因为它们的好处无处不在。

1. 运用排比，营造语言气势

在演讲中，演讲者适当地运用排比修辞能增强演讲的语势，可以使语言的表达更加有层次感，且节奏鲜明。

排比一般是由三个或三个以上结构相同或相似的内容排列而成，用以表达同一范围、同一性质的事物，能够增强语势、增强节奏感，以及加强语言的力度。

2. 运用夸张，让语气更加强烈

夸张是为强调而故意为之的一种修辞手法，当演讲者用了夸张的修辞手法，听众一定会睁大眼睛，喃喃自语"不可能！"或是"真是难以置信！"当然，夸张的修辞手法一定要建立在事实的基础上，演讲者不可随意捏造。

3. 借用比喻，让演讲更生动活泼

比喻是人们常用的一种修辞手法。当人们在语言交际中要表达某一事物或道理时，可以运用联想或想象，引进另一种事物或道理，以便于把事物或道理更贴切、更生动、更富有感染力地表达出来，使听者听得明白，且能加深印象。

4. 活用对比，增强演讲的感染力

所谓对比，就是将两种不同的事物或事物的两面性进行比较。在演讲中，演讲者恰当地运用对比手法，能较全面地表达出演讲者的观点，深刻揭示事物的本质特征。

5. 巧用数字，让你的演讲更有说服力

马克思说过："一种科学只有在成功地运用数学时，才算达到真正完善的地步。"所以，在演讲时，演讲者可以借助数字对事物进行精确计算和分析。

数字是一种语言符号，也是一种语言，能给人一种真实、具体的感觉，让听众在脑海里形成清晰的图像。

在阿里巴巴创始人马云的演讲中，常常会出现很多数字数据，如下面的讲话：

"创业就是 100 个创业者里面，有 95 个你是不知道他们怎么死的，你甚至不知道有这 95 个人创过业。剩下的 5 个里，有 4 个是你看着死掉的，最后只剩下 1 个站在那里。"

"假如今天我能帮 10 家小企业，将来就能帮 100 家，未来还有 10 万家在等着。"

"我们阿里巴巴所经历的，大家看到辉煌的一面只占 20%，艰难的一面达 80%。"

"淘宝网每年仅运营成本就超过 70 亿元。淘宝平台今年交易规模将达到 6000 亿元，培育了逾 800 万个商家，每年直接、间接提供 200 万个就业机会。如果有一天淘宝网关门了，哪怕是关停一天，其影响都会不堪设想。"

没有天生的演说家，看刘强东是如何演讲的

不会演讲的企业家或演讲不尽如人意的企业家，总是羡慕用演说征服世界的人，他们认为自己没有能力像他们那样，至少目前为止不能。

但实际上，这种给自己下定义、随意贴标签的行为是不对的。任何一个用演说征服世界的人，都不是天生的演说家！在演讲初始，他们可能有着和你一样的烦恼。而当他们掌握了一些演讲技巧和简单的规则后（具体的演讲

技巧将会在第5章、第6章详细说明），就如脱胎换骨般，可以用演讲来改变人心、改变世界了。

例如，京东集团CEO刘强东在哈佛中国论坛上进行的主题演讲，就为不少创业的群体和即将要创业的群体，以及正在商界挣扎的人群点明了方向。

在演讲中，刘强东分享了创立京东以及二次创业O2O项目"京东到家"的经历及经验。他强调："创业成功的关键在于解决问题，而目前正是'值得每个人记录、奋斗的时代'，是创业的最好时代，因为'所有的东西都在加速发展'，人类快速增加的需求为创业者提供了巨大的机会。"

他还说："今天，留学生们值得回国。因为今天，中国的企业，特别是互联网领域的民营企业，并不比世界上任何一家公司差。中国的互联网企业非常重视用户体验的创新，重视人才、尊重和激励员工，且建立了现代企业制度，遵循最先进的企业治理理念，按照全球贸易规则进行贸易。"

以下为京东集团CEO刘强东的演讲实录：

女士们、先生们，本来我想用苏北英语给大家做演讲，结果张总（张磊，高瓴资本CEO）一上来说了中文，弄得我很不好意思，所以我还是用苏北话演讲。

昨天晚上我问了一个哥大的朋友，我说我特别想知道大家今天想听什么，他说大家非常想听创业。我知道最近创业非常火，我想今天在座的很多同学都有创业的冲动或者打算。如果你让我说创业，我想说，创业要想取得成功，关键就一句话：只要你能够解决一个问题，那么你的项目就一定会成功。

我就从我大学的一个故事讲起。1992年，我考上了人大。人大的经济学系、金融系都是很好的专业，工作特别好找，而我上的是社会学系，结果发现社会学系最难的一件事情就是找工作。当时，宿舍里面的老大喜欢英语系

的女孩子，喜欢了整整一年，天天晚上和她一起上晚自习，终于有一天晚上把那个女孩子约到了人大东门的小花园，我们5个人在宿舍里面非常激动地等着好消息。我们宿舍老大回来了，说失败了，为什么？他说那女孩子说了，你们是社会学系的，社会学系的连工作都找不到，我怎么跟你谈恋爱啊？

所以我要解决第一个问题，找个女朋友。虽然我的专业不大好找工作，但是经过简单的调查研究，我发现女孩子喜欢男生带有神秘感，所以我想了半天，什么最神秘呢？我发现在1993年的时候，在中国最神秘的就是电脑，所以我决定去学电脑、学编程，并给我们系老师编了一个名片管理系统。因为作为人大的教授，出席各种会议，名片非常多，找名片很难，通过我这个程序在名片管理系统里甚至只输一个字就可以搜到，他们觉得这个真好。因此，在大二下学期结束的时候，我终于有了自己的女朋友。

解决一个问题，你就可以取得成功。

6年坚守诚信经营，陌生人助京东转型电商

在我1998年创业的时候，我去了中关村，带着积攒的12000块钱人民币在中关村租了一个5平方米的柜台。那时候中关村几乎所有的商家做生意都是一个模式，老板对员工的培训基本都是一台笔记本两万五，你怎么用三万五卖出去。由此，中关村还有十大"招数"教你如何欺骗顾客，我觉得这注定是不对的，终究有一天这种混乱的情况会改变。

所以在我开柜台的第一天，我是在中关村唯一明码标价、所有产品都开发票的商家。在我这个柜台上，我不接受讨价还价，我所有的产品都是正品行货，我所有的商品都可以开具发票。

　　在那个年代，我的做法与整个市场是格格不入的，因为整个中关村做生意基本都是要想尽一切办法，如何把1块钱的东西2块钱卖出去，3块钱的东西卖成6块钱，甚至通过一种变相欺骗的方式。这就是问题！谁能把这个问题解决，谁就可以取得成功，非常简单。

　　就这么从一个小柜台一做做了6年，到2003年的时候，我在中国已经拥有了12个店面，在北京有3个店，而且每个店的营业额都非常好。

　　在2003年"非典"的时候，我们迫不得已把所有的门店都关掉，所有的人员都在办公室，每天很着急，因为我们各种租金、开销一天都不少，货又不敢进行销售，店面不敢开门。所以我们有同事就提出来，为什么我们不去做网上销售呢？如果我们在网上销售，可能就不用去面对面见客户了。所以，我们去搜狐、新浪、163（网易）等各种各样的网站发帖，结果发现发了帖就被管理员删了，偶尔没有被删的，也没有人订货，也没人相信，因为我们就在BBS里说我有什么刻录机，什么东西多少钱，底下是汇款账号，如果你想买的话先把钱汇到这儿来。那时候"too young too naive"。

　　后来，我们就在专业的测评论坛里发帖。论坛总版主看到了我们发的帖，不仅回复了还把我们的帖子置顶，总版主说，"京东多媒体，我知道，这是中关村唯一的一家不卖假光盘的厂家"。置顶！结果我们一天就接到了10个订单。

　　正因为我们过去6年的坚持，赢得了别人的信任，从而在最关键的时刻，得到了一个我们从来都不记得姓名的人一次很简单的帮助，从而使京东成功转型，由线下彻底转到线上，做了电商。

我为什么创业做京东

在2006年、2007年融资的时候，好多人说你们是没法成功的，为什么？他们说，几乎所有我想要买的东西，都可以在当当、卓越或者淘宝上购买，还能找到比京东更便宜的，所以很多人说你没必要做，肯定没有前途。

但是我们不这么认为，为什么？因为我觉得在那个时候，包括今天网上的销售有很多问题。我想解决这个问题。

你可以想象一下，你去一个平台买手机，一搜搜出来几百几千个，有价格特别便宜的，你点进去，卖家很快就说"亲"，你问"为什么你比别人便宜300块钱？""亲，我们小店薄利多销。"你找了半天，终于被说服了，然后下了订单，他就告诉你"亲，这不包邮哦，亲，我告诉你订单号"，然后货收到了，突然发现包装上面没有中文，按照中国的法律，所有在中国销售的产品必须有中文标识，你去问他，"你不是告诉我这是行货吗？怎么收到的没有中文标识啊？你这是水货啊。"那边说了，"亲，阿拉是港行"，香港行货。你就想虽然不是正品行货，也能使吧，你就很开心地使用了两三个月，忽然出了问题，你找到卖家，卖家说"亲，是可以保修的，但是我要把你手机寄到香港去，一来一去邮费就要400块，维修是免费的，可是运费你要出"。你一想400块钱寄到香港修，可能还要等2个月，你去北京找一个维修店去维修吧，人家打电话来告诉你，"先生，你被骗了，你这手机是翻新的二手货"。你去找卖家吧，"啊，你不是香港行货吗，今天我去维修说你这是翻新货"。卖家说"亲，你拿证据啊，你给我开证据出来，叫手机商家开证据"。开不了，你给我退款，你不退款给你差评，你真给了差评，结果第二天你的手机被呼死了，一天打了 500 个电话进来，大家知道中国有一个叫"呼死你"软件，只要你手机开机了就给你打，还有一些卖家给你寄各种各样很恶心的东西、危险的东西。

购物原本应该是一件非常简单的事情。

为什么我们做京东商城？刚开始的时候，京东可以说是一无所有，我们没有钱、没有技术、没有货源，我们甚至都不知道什么叫 VC。但我们发现网络购物有很多问题，我想如果京东能够把这些问题解决了，我们就一定可以取得成功，这就是我们的思维。所以为什么京东在 2004 年刚开始做时，第一个坚持就是所有的商品都是正品行货，你不要发票也给你发票。我们实行低价策略，这个低价不是以翻新、水货、走私、逃税为基础，而是通过规模的优化降低运营成本，将节省的成本让利给消费者所获得的低价。我们的服务也不断地创新，2005 年，我们在中国就推出了"当日达"，今天我接受一个外国媒体采访，他问我，前几年我在哥大上课的时候，是否去亚马逊购过物？我说购过，他问感觉怎么样，我说很好，但是我实在忍受不了它的物流速度。他说你要是 Prime 会员 2 天就可以收到货，那多快啊。我说京东在中国，几乎每个用户都是 Prime 会员，但你不用花 99 美元，只要一次购买满 79 块钱的商品就可以免运费了，而且我们在中国北京、上海这些大的城市，都是当日达。

正因为坚持，我们解决了网络购物领域长期存在的大量问题，这就是京东公司得以生存和快速发展的基础。

我为什么要第二次创业做 "京东到家"

我们今天又在创立一种全新的商业模式叫 "京东到家"，主做生鲜，有人说这有什么问题需要解决呢？我们做了 11 年的电商，结果我们发现服装、鞋帽，甚至汽车、房子，所有的东西都可以到网上销售，而且卖得越来越好，可就是有一类，是老百姓高频购买的东西，几乎每个人每天都要买的东西，恰恰在网上没有人能够做好，不管是平台模式还是京东这种自主经营的模式，都没有做好，那就是生鲜。

生鲜有一个什么问题？那就是在消费者和种植者之间至少有 4 个环节。

举一个非常简单的例子，大家都知道中国的山东是生产大蒜的，一头大蒜送到北京的家庭，中间至少要经历 4 家公司。首先收购者去田间地头收大蒜。他收购完之后，卖到山东非常有名的一个县级的蔬菜批发市场，全山东 70%~80% 的蔬菜都是在那个批发市场批发的。接着，产地批发市场再卖给销售地批发市场，卖给北京的比如大钟寺、新发地批发市场。这些市场拿到之后，再分给各个小的批发市场，这些小的市场拿到之后再放到沃尔玛、家乐福销售。那些种植的人发现一年辛辛苦苦种大蒜挣不了几个钱，因为收购价格一压再压。而买大蒜的人觉得价格怎么这么贵啊，从产地收购只有 5 毛钱，到了北京卖出去就变成了 2.5 元、3 元、4 元、5 元，就因为中间环节太多了。

第二个问题，过去 10 年，大家发现几乎每一年都能听到某类农产品滞销的消息。前天在新疆什么地方西红柿滞销，大量种植西红柿的人把西红柿摘下来之后卖不出去，任它烂在地里面。今天是土豆滞销，明天西瓜滞销，为什么？因为他们在种植的时候永远不知道中国到底有多少人种了大蒜，有多少人种了西红柿，没人提供这个信息。而消费者发现今年白菜狂涨，后年大蒜价格又涨了几倍，价格不断地剧烈波动，所以需求方、供给方信息没有打通，这是第二个问题。

第三个问题，还是有很多食品安全问题。

那么，京东到家怎么解决这些问题呢？

我们成立了全资子公司，第一，我们就要把中间环节全部去掉，我们提出了"从产地直接送达消费者"的理念（Farm to Table）。大家可以想想看，全北京市每天为北京市民提供辣椒、西红柿、黄瓜的，包括批发者、运输者、超市，所有与之相关的人员有好几千人，在北京大概有数千个地方都在卖着同样的辣椒、同样的西红柿。我们能够通过缩短中间环节，把产品更高效地送到用户手上。

第二，信息技术大数据。今年我们提出了进入农村的战略，核心就是解决农村种子化肥农药的问题。我们现在正在进行数据的收集，年底前将在中国数万个村庄设置我们自己的村民代理。我们现在正在每个村收集信息，我们要知道每个村的种植面积，主要的农作物是什么，副产品是什么，我们收集每个村每年的降雨量，甚至当地的河流湖泊的分布，我们还可以通过销售数字知道每个区域种子化肥农药的使用量和消耗量。想一想，如果有一天，某个地区大家在卖黄瓜或者西红柿种子的时候，我们告诉你不要种植西红柿了，明年的西红柿产量已经饱和了，因为我们发现太多地方买西红柿种子了，今年西红柿种子的销量远远超出市场的需求，我们可以给种植者提供这些信息。

第三，食品安全问题怎么解决？通过对每个区域长时间数据的收集，我们能够知道这个区域使用的化肥主要是什么品牌，是有机的还是无机的，我们知道这个区域的农药是低浓度农药还是有毒农药。通过几年的数据分析，我们甚至能够知道中国每个种植产区的土壤情况怎么样，蔬菜是不是安全，地下水有没有被污染，土壤有没有被污染。通过长时间的数据收集，我们可以知道这些数字，也可以帮助解决食品安全的问题。

所以，我们从 3 月 16 日推出了"京东到家"的测试，没有大规模地宣传，只是口碑相传，现在每天销售给五六千个北京家庭，而且还在高速增长中。

对创业者来说，现在是一个伟大的时代

我想，如果大家创业的话，希望每个人要问自己一个非常关键的问题：我这个项目解决了什么问题？如果你什么问题都不能解决的话，那么我可以说你的项目注定会失败，所以创业是为了要解决问题。有的人说，不，我觉得我创业是为了获取财富，创业成功获取合理合法的财富，无可厚非，但是我从来都没有看到哪一个创业者是为了获取更多的财富而创业成功的。现在，在中国大家知道创业非常火，火到什么程度？投资人也有些愚蠢，现在只要有一个主意，你可以拿到 3000 万美金的投资，真的很容易，很多人很高兴，但是不要忘了，你拿到多少融资不是你的财富，你拿到多少融资，你将来要10 倍、20 倍地把这个还回去，风险投资的成本是最高的。如果大家能够从银行贷款的话一定要从银行贷款，千万不要拿风投的钱。当然话又说回来了，作为创业者，你一无所有的时候，银行是不贷款的，所以没选择的时候还是要找投资人。所以，千万不要把投资人投资的钱视为你的财富，视为你的成

功，投钱给你，你压力更大，你是要 10 倍、100 倍地还回去的。

有人说我创业是为了自由，我不想朝九晚六打卡，受到别人的指使，做老板以后我就可以自由支配我的时间，想什么时候上班就什么时候上班。如果你真是为了自由的话，可以说创业是最不自由的，因为作为创业者，你在公司必须是最自律的那个人，所有人都可以违反这个公司的制度规定，所有人都可以迟到早退，唯独你不行，永远不行。你如果下午一点钟上班的话，兄弟们肯定是下午三四点才上班，一定是这样的。你如果说我创业是为了出名，能参加各种论坛，如果你要抱着这样的想法的话，我可以告诉你，最后 99% 的结果是你真的出名了，而且会载入哈佛的案例，说某某人拿了风投 20 亿美金 5 年烧光，项目失败，然后大家来分析他是怎么失败的。

可以说，今天我们真的处在一个非常好的时期，往前看 30 年，往后看 30 年，真的没有人比我们今天更为幸运，机会更大，为什么？因为大家发现最近我们几乎所有的东西都在加速发展，今天，一年的变化赶得上过去 10 年的变化，一年的技术进步比过去 10 年的技术进步都要快。我们最早在 1998 年上互联网的时候，144 的猫拨号上网，都觉得很快了，几千字的邮件很快收到了，觉得简直难以置信，但是相信很快每个家庭都需要 1G 带宽。

所以人类的需求几乎在毫无节制地、进一步贪婪地、快速地增加，这就给我们创业者提供了巨大的机会。消费者有需求，只要你解决问题，满足消费者需求，你就能获得成功。在这个满足需求的过程中产生了很多新的问题，比如环境问题、污染问题、医疗问题、教育问题，这就给很多创业者提供了新的机会。所以我想说，身处我们这个时代，如果大家不去做点事情的话，真的会让你后悔，后人终将记录我们这一代人，这是一个伟大的时代，是值得我们每个人记录、奋斗的时代。

你们每个人都值得回中国去！

最后我想再讲一下中国。我想今天在场的大部分都是中国人，有很多中国的留学生。几个月之前法国总理问我，他说你作为企业家怎么看中国经济，中国经济连续增长了 10 年，年年都说中国经济今年要出这个问题，明年要出那个问题，后年要出问题，都在频繁地讨论。而我认为中国经济不会出问题，为什么？

因为比如今天晚上 10 点钟你去北京朝阳 CBD，你会发现所有的商铺都是灯火通明，无数人在加班加点，中国人在继续努力，只要我们在追求，我相信中国经济不可能出问题；只要中国无数的年轻人在拼命地努力、在创业、在创新，中国的经济就不会出问题；只要还有无数的中国人去美国留学、去欧洲留学、去日本留学，去学习全世界的知识、经验，中国的经济就不会出问题。

过去的 30 年，可以说我们不断地向国外的公司学习，包括京东在内，我们确实也在向美国的公司、日本的公司学习，我们整整学习了 30 年。到今天，我可以毫不客气地告诉大家，中国的企业，特别是互联网领域的民营企业，在没有任何垄断、完全市场化的情况下，几乎都是民企在主打，在这个行业里，中国的企业并不比世界上任何一家公司差，因为我们学得很快。每个中国的互联网企业都知道用户体验的创新，每个中国的创业者，每个中国的企业家都知道人才的重要性，大家都知道必须要留住人，给聪明人提供一个发展的空间，企业才能够成功。我们学会了如何尊重员工、激励员工，和员工一块成长；我们学会了如何利用各种规则，建立了现代企业制度，并且按照全球的贸易规则进行贸易，按照现在最先进的企业治理理念在治理自己的企业。

　　我每次到美国，非常多的华人留学生都会告诉我，说我要在美国工作几年，有了经验之后我再回国。我想告诉大家，没有这个必要，这是10年前的老观念了，那是上一代人的观念。你看高瓴资本，听这名字，起得土不拉叽的，但是我可以告诉大家，从2000万美金到180亿美金，10年的时间，它的成长速度不比全球任何一家优秀的基金公司慢，甚至更快。我还可以告诉大家，中国的红杉过去5~10年的资本回报率也高于美国的很多投资公司。现在已经到了这样一个时代，你们每个人都值得回国，加入中国的基金，去高瓴基金，而不是美国的什么基金。

　　最后3秒钟广告，欢迎大家回国，欢迎大家加入京东的国际管培生计划。

第 5 章

总裁范儿是准备出来的——蓄势待发，不打无准备的战争

演讲力等于号召力，演讲力等于影响力，演讲力等于领导力。

——千海语录

确定演讲主题：让演讲更加吸引人

演讲主题，是演讲的主旨、观点、中心思想，也是演讲者通过演讲表现思想或意向的一种方式。可以说，演讲主题是演讲的灵魂，它决定着演讲者思想的高度和影响力。

如果一场演讲没有一个明确的主题，那演讲仿佛是没有灵魂的广播，即使讲得天花乱坠，也会让听众不知所云。

那么如何确定演讲主题呢？这需要演讲者用心观察生活和社会，对某些事件进行深刻的体验、分析和研究，从而反复推敲，确定一个生动的、有力量的主题。

在确定演讲主题时，要注意以下几点：

1. 主题有新意

当今社会，是一个求变求新的社会，也就是要不断创新。艺术作品贵在创新，演讲艺术也不例外。演讲者在提炼演讲的主题时，要独辟蹊径，别具匠心，要看到别人看不到的东西，去想别人没有想到的地方，去讲别人没有讲过的或没讲透的观点，从而给听众一种耳目一新的感觉。

要使主题有新意，具体要遵循三点：第一，演讲者要具有"质疑动机"，也就是敢于对"司空见惯"或被认为"完美无缺"的事物或观点提出质疑；第二，演讲者要"大胆创新"，也就是打破陈规陋习，勇于变革，出其不意；第三，演讲者要懂得"否定自我"，也就是敢于否定自己，打破原有的理论，从而提炼出新颖的主题。

2. 符合听众心理

在确定主题时，要符合听众的心理。由于民族、性格、职业、年龄、生活环境、文化程度等方面的不同，演讲的听众存在着很大的心理差异。

比如：如果听众大多数是大学生，演讲者就可以围绕校园生活、恋爱、初入职场等主题来演讲。如果听众大都是菜农果农，演讲者大谈互联网、高科技等，显然是不合适的。所以，在面对菜农果农时，演讲者应该把主题放在如何让他们的瓜果蔬菜提高产量，如何让他们的瓜果蔬菜卖得更好等方面。

只有主题契合听众的心理，听众才会有极大的热情和兴趣。不同年龄、不同职业、不同环境的人都有其不同的特点，如果演讲者不顾听者自身的特点，而是千篇一律，就会出现张冠李戴的情形，让演讲效果和影响力大大降低，甚至没有。

3. 抓住问题的根本，讲出深意

毫不夸张地说，思想是社会进步的动力，演讲者是时代精神的鼓点和号角。在确定演讲主题时，演讲者应该明确演讲的目的——宣传、教育、组织和激励听众。

因此，紧抓听众普遍关心的问题和社会上亟须解决的问题，讲出时代感，讲出新意，并给出科学的分析和解释，以符合社会发展的规律，才是听众想要听到的。如果演讲内容跟市面上的心灵鸡汤或千篇一律的言辞一样，那作为听众就如同嚼蜡了。

4. 选择自己熟悉的内容

为什么要选择自己熟悉的内容？因为熟悉，所以才了解。因为了解，所以才有话说。因为有话说，才能产生激情。因为产生激情，才能感染到听众。

因此，在确立主题时，演讲者要选择自己比较熟悉，并有把握讲好的题目。如果演讲者对演讲主题不熟悉，或对演讲主题一知半解，似懂非懂，那所讲出来的内容、陈述的观点、得出的结论，必然没有牢不可破的论据。相反，如果演讲者亲自经历过某些事，参与过某些决定，最后得到了什么样的结果，那其主题也会更为鲜明。

前不久，台湾"中央大学"认知神经科学研究所所长洪兰教授，围绕"用脑科学揭露男女思考的秘密"进行了一场演讲。其演讲语言幽默，深入浅出，笑料不断，在朋友圈掀起了一阵清新的演讲风。

她的演讲为什么能吸引很多年轻男女的目光？就是因为她的演讲运用了自己熟悉的内容，且经过试验，并给出了一些独到的见解。

许多演讲者的实践证明：选择熟悉的内容，如与自己的专业、知识面比较接近的主题，就越容易讲得深、讲得透，讲出属于自己的风格。

选好"食材"，多备"粮"

对于演讲者来说，收集资料是一个很重要的步骤。丰富的资料能够丰富演讲内容，使其变得生动、有趣，且有论据。只有收集到大量的资料，演讲者才有足够的信心，才敢于站在公众面前，接受来自听众们的质疑声。

当然，收集资料不能盲目进行，而是要遵循一定的原则，如论点够充分，故事要或真实，或感人，或典型，观点要新鲜等。具体可以按照以下几点进行：

1. 从演讲主题开始收集

在确定演讲主题时，相信演讲者心中一定有了大框架。接着，演讲者要根据大框架，一步步往里面填充内容。如：将大框架分出类别，确定几个小标题，然后再根据小标题寻找所需的资料。在收集的过程中，你的思维会更清晰，如哪些内容可以弃之不用，哪些内容比较新颖，哪些内容可以作为一个新的小标题。

2. 对演讲时间做到"心中有数"

在查阅资料的过程中，一定要考虑到演讲时间。如果你只有 10 分钟的时间，那演讲内容就不宜过多。如果你有半个小时的时间或一个小时的时间，那不妨多准备些资料，以备不时之需。

在准备演讲资料时，演讲者可以制定一份可行的时间表。如在什么时间段讲哪些内容；在什么时间段可以休息几分钟，让听众去思考；在什么时间段与听众互动；等等。

3. 带着问题查阅资料

当演讲者已经找好所需的资料，但又对某些问题一知半解时，就要带着问题查阅资料和收集资料了。只有当演讲者对内容熟悉了，演讲起来，语言才会更流畅。

4. 熟悉演讲内容中的专业用语

演讲者在收集到足够的材料以后，需要对所有的资料进行筛选，保留满意的部分，然后对其进行整合，令其前后连贯，最后再调整、理顺内容之间的关系。

在这个过程中，演讲者要注意熟悉演讲内容中的专业用语。在收集资料的过程中，难免会出现一些专业用语，如果演讲者把这些专业用语一字不落地讲给听众，那有些听众肯定会听得云里雾里。此时，演讲者就需要将专业用语打碎、揉捏，用深入浅出的语言去解释，以达到通俗易懂的效果。

写作分析：如何写好演讲稿

演讲稿分为三部分：开头、主体和结尾。想要写好演讲稿，就可以从这三部分着手。

1. 演讲需要有好的开头

无论是上学时写的作文，还是演讲稿，一个好的开头最为重要。开头写得好，才能吸引听众的注意力，为演讲的成功打下良好基础。

相反，如果开头写得不好，再好的内容也会暗淡许多。可以说，演讲稿的开头在演讲结构中处于重要的地位，并起着重要的作用。如企业家王石在一次演讲中，是这样说的：

我演讲的主题叫"绿色当然、精细致远"。各位都知道，我有登山的习惯，这几年完成了登七大洲的高峰又穿越了南极到北极点，给我印象最深刻的，却是登的第一座山峰——乞力马扎罗山，这个是我登山的照片。但是上面却没有雪，所以全球变暖的问题，是发达国家的问题，也是发展中国家的问题，这个都是我们所要面对的，我们所处的行业也是无法回避的。

王石通过简单的几句话描述了自己的亲身经历，他在告诉听众们"我喜欢爬山，我登上过乞力马扎罗山"，接着，他用一张照片告诉听众们"我说的都是真的"。最后，他才引出演讲主题——全球变暖。

在一步步深入中，听众们很容易被吸引过来。出语不凡的开头，能唤起听众的兴趣和求知欲，并能紧紧抓住听众的心，使听众陷入深思。如果王石一开头就说："对于全球变暖问题，我的想法是……""各位都知道，全球变暖的问题已经迫在眉睫……"那结果会怎么样？听众一定会下意识地认为"演讲泡汤"了吧。

俄国大文学家高尔基说过："最难的是开场白，就是第一句话，如同音乐一样，全曲的音调，都是它给予的。平常却又得花好长时间去寻找。"可见，演讲稿的开头真的很重要。

2. 重视演讲稿的正文

演讲稿的开头和正文是相辅相成的，缺一不可。正文指的是演讲稿开头和结尾之间的文字，正文演讲得如何，决定着一场演讲质量的好坏，因为演讲的论点是否令听众信服，取决于正文的阐述。

可以说，演讲稿的正文是一篇演讲稿的主体。

再拿企业家王石的演讲举例，正文如下：

如何来应对全球变暖，作为建筑行业、房地产发展行业来讲是义不容辞的。那我们来看万科怎么做？我们当然在做。我们提供给消费者的住宅上，我们要在使用当中，让它是生态型、环保型的。但是我们觉得建造方法应该要发生颠覆性的改变，这个也就像刚才王教授讲的，企业公民是引进的，不是我们创造的，住宅产业化也不是我们创造的，也是引进的。

如果进行工业化之后带来了节约的好处，为此万科是不遗余力的，我们今年进行了装修，不再有毛坯房，直接交给用户就可拎包入住了。自 2009 年开始，万科就没有毛坯房了。

那么节约的能耗就相当于 45.2 万吨标准煤、11.3 亿度电量、节约用水 10170 万立方米，减少的混凝土的消耗相当于 2.5 万户 90 平方米住宅的混凝土用量。节约钢材就相当于 6.78 万吨，减少木材消耗是 45.2 万立方米。

有理有据的叙述，让听众为之一振，不得不佩服。原来，为了应对全球变暖问题，万科集团做出了这么多的努力。正文中的数字为听众创造出了一个动人的意境，将演讲自然地推向高潮，使许多听众不禁竖起大拇指。

在王石的演讲中，我们可以看到：要使演讲的观点站得住脚，就必须做到内容充实丰满、有血有肉，且要围绕演讲的中心，逐层展开论述，做到结构有力，层次清楚，过渡自然。

实际上，王石的这篇演讲稿内容很少，但却有详有略，不是蜻蜓点水般的泛泛而谈，也不是絮絮叨叨煽动听众让人厌烦。总之，演讲稿正文理想的效果就是让听众印象最深、感触最多。

3. 写好演讲稿的结尾

写好一篇文章，有"凤头豹尾"的说法，而对于一篇演讲稿来说，道理也是一样。"豹尾"指的是演讲的结尾要像虎豹的尾巴一样刚劲有力而斑斓多彩。

文章的结尾起着深化主题的作用。写得好，能曲终奏雅，给听众留下难忘的印象；写得不好，会功亏一篑，令听众失望。

有的演讲者会认为结尾就是总结，随便说几句就好了，其结果要么是画蛇添足，要么采用陈词滥调的套话。如："关于××问题，我再补充几句""我的话讲完了，讲得不好，请大家批评指正"等，这类的话都会使听众感到索然无味。

俗话说得好："编筐编篓，重在收口。"演讲也讲究有始有终。我们再以企业家王石的演讲为例，看看他是怎么结尾的。以下为演讲实录：

咱们这次论坛的大会主席白教授注意到了这一点，我也注意到你们对全球变暖有了一些新的说法，这也就是我们的《万科企业社会责任绿皮书暨2007 年企业公民报告》中提到的，那么这个报告我在这里就不展开了。但是我想用一句话结束我的演讲，就是彼得·德鲁克说过的："我们大大地高估了自己一年以后能够做到的事，但却大大低估了五年以后自己可能做到的事。"谢谢各位！

王石的结尾不过短短的几句话，却完全涵盖了他整个演讲的意思，且表现出了他的热情。因此，演讲者在演讲的结尾，要做到调动自己的积极性，将听众的情绪推到最高潮，使听众情绪激昂起来，并给予听众希望和信心。

加强演练：做好演讲前的排练工作

所谓"台上一分钟，台下十年功"。所有的技巧，都取决于练习的次数。

当演讲者的演讲稿准备好后，为保证演讲成功，可以提前预讲一下。一位擅长演讲的演讲者曾说过："成为一名成功的演讲者，能让你受到注目并让你实现目标。我在演讲前从不草率行事。精心准备是我最有用的防弹衣。"

可见，进行演讲前的准备工作，是演讲成功必不可少的一个步骤，它能够帮助演讲者检查自己对时间的把握程度，以及察觉可能会出的差错等。

具体排练工作如下：

1. 要穿正装

俗话说得好：人靠衣装马靠鞍。一个人的良好形象不仅能为自己加分，还能让自己有足够的自信掌控全场。穿正装排练时，演讲者会感觉到自己的气质、气场都有不一样的变化。此时，演讲者需要对着一面镜子进行演练或需要一名听众。

当然，听众是谁并不重要，重要的是演讲者能和他们进行眼神交流。

2. 扔掉稿子

如果你有机会能在演讲现场进行彩排，那么你要利用这个机会，与现场人员打好交道，说明你需要对方做些什么。此外，要试着扔掉手中的稿件，泰然自若地与听众交流、演讲。

3. 注意时间控制

在演讲前，演讲者要对演讲所需的时间做到心中有数。在演讲中，演讲者最大的忌讳就是超时演讲。因为如果你超时了，听众就会显得不耐烦，工作人员也会因此加大工作难度，从而对其他演讲者或接下来的工作进行调整。

　　为了避免这个问题，演讲者可以在演讲台上放一块表，时刻提醒自己，这样也能在演讲的过程中，根据时间的变化来适当增减内容。

第 6 章

修饰演讲细节：为"表演功夫"加分

你为听众付出多少是小意思，你为听众激发多少才是大意思。

——千海语录

心态：用自信展现自我的内在力量

在前面的章节中，我提到了自信对演讲的作用。在这里，我依旧要说说"自信"。作为一名企业家，一名要在公众面前演讲的企业家，如果不建立自信，就无法达到在演讲天地间翱翔的境界。

美国作家爱默生说过："自信是成功的第一秘诀。"在演讲中，自信是必不可少的。自信是演讲者必备的心理素质，能对演讲的成败产生至关重要的影响。

因此，演讲者要有意识地培养和树立强大的自信心。当然，自信也不是盲目自信，而是要根据主观条件和客观情况进行辩证分析，在了如指掌的基础上才能产生自信。否则，那就是不切实际的盲目自信。

关于自信的演讲，我们可以从企业家马云的身上得到一些感悟，他就是用自信心来展示自己的内在力量的。

以下为马云演讲实录：

早上好！很多人都去滑雪，我没有去，我第一次学滑雪是在亚布力，在亚布力学完滑雪以后我去了瑞士。因为在亚布力学会了滑雪，我认为我在瑞士就可以滑雪，结果我坐了15分钟的缆车到了山顶，一看把自己给吓坏了，我也不知道15分钟可以爬得那么高，一看山的坡度，以及所有的滑雪道根本就找不到道，我根本就不敢滑，我就花了将近2个半小时走了下来。

其实有的时候，我们以为自己知道很多东西，以为自己懂，如果对未来没有敬畏之心，对未来、对昨天没有感恩之情，对今天没有争气之力，对明天没有敬畏之心，我们可能永远跌跌撞撞、磕磕绊绊。

今天整个企业界可能碰到了困难，今天大部分人有的困难我都有，而且越来越大，越来越烦恼，我相信我碰到的很多困难，在座的很多企业可能还没碰到。但是怎么办？选择了做企业，选择了做阿里巴巴，选择了做互联网，选择了一帮年轻人一起做这件事情，你只能坚持下去，你要自己相信能够忽悠。我们昨天说了"忽悠不是让自己相信，而是让别人相信"，其实我们不在乎别人信不信，反正我是信了。

阿里巴巴走到今天为止，面临的问题挺多，所以那时候王石出去爬山，反正我是不去爬的。我问他为什么去爬山，他说爬到山顶上可以想得很清楚，我自己坐在马桶上都能想得很清楚，我每天都在爬山翻雪山，我们所有企业家天天都在想办法怎么过雪山，怎么过这个坎那个坎。所以，我们对未来必须看清楚灾难，只有看清楚了灾难、看清楚了困难，知道有灾难、知道有困难的人，才有资格乐观，否则就是盲目乐观。你都不知道未来的灾难在哪里，你的乐观就是盲目的。

所以，我看到了今天的中国经济形势对谁都不好，所以这就是好事情，如果就对你不好，那你的灾难大了。更何况经济好坏，跟你其实也没多大关系，今天中国经济有问题，哪个国家的经济没有问题？都有问题，但是我自己来看，今天我们对经济恐慌本身要比经济问题来得更大。整个转型升级这么多年，说中国经济不可持续这么多年了，说金融危机我们没有充分认识到，2008 年金融危机对中国有这么大的影响，金融危机爆发其实就像海啸一样，今天在美国然后到中国，这是一个过程。

因为我们没有做好充分的思想准备，再一个我们对整个中国经济转型升级付出的代价没有做好充分准备，人人都在喊转型升级，但转型升级付出的代价有多大，该怎么去做，我们也没做好准备。但是今天来看，以能源、石油、资源为支撑的整个经济下滑已经是大势所趋，必须是这样的。

另外，判断经济好坏，跟 GDP 其实关系不是太大，判断一个国家经济是否健康、是否有希望就看就业是否稳定，年轻人是否有就业机会。如果年轻人缺乏就业机会，这个经济哪怕 GDP 很高也是不行的，今天中国的年轻人就业还没有出现问题，如果这个出现问题的时候，真是大家的灾难。那么年轻人去了哪里？

其实中国现在出现了三个新的增长点：第一，服务行业；第二，消费；第三，高科技。这是中国的新"三驾马车"，如果把前面的传统与基础设施投资、出口导向，加上内需称为马车的话，那么消费、服务、高科技是三辆奔驰轿车。只有这么去思考，这也是美国经历过、欧洲经历过、日本经历过的。我们必须要思考的，中国未来的三个档次不是马车的车，而是把消费做起来，把服务做起来，把高科技做起来，这才是我们要解决的问题。

从"三驾马车"中，我们要思考一个问题，我们国家的基础设施投资，30 年来投了这么多钱，我们是否应该从基础设施投资变成基础设施应用，我们投了那么多的设备，投了那么多的钱，但是应用能力之差是超乎大家想象的。也就是说，如果这个饭店不是交给地中海俱乐部，而是老板自己买，自己建，自己用；还是如果你有一个饭店是交给香格里拉运营，或是你们自己家运营？我们国家把几十年的投资开放给民营企业，运营必须是专业的，必须要交给市场去运营。所以我觉得，这是一个巨大的机会所在，我们要把自己的资产盘活，把这个国家从前买了投资的东西做好。

另外，以出口为导向的经济是不可能持续的。必须把进出口平衡发展，中国已经成为全世界巨大的市场，必须成为全世界最大的买家市场，我非常同意要学会买，学会买其他的东西进中国，冲击中国，加速中国的转型升级。中国不是产能过剩而是落后产能过剩，高价值产能不够，马桶不是中国不会生产，是有创意性的马桶我们不会生产，生产的不够多，所以必须考虑到进出口平衡发展。

什么是内需？内需就是消费，"内需"这两个字提法不对，内需是经济学家提的。为什么消费做不起来，内需做不好？因为投资和出口是政府导向，消费是市场导向，是企业导向，政府可能有能力把银行的钱拿出来搞基础设施投资，政府能够运用各种各样的方法把出口刺激起来，但是政府很难把老百姓口袋里的钱拿出来做点什么事。所以，把老百姓口袋里的钱掏出来的事情是企业家的创新，是市场的行为。我们国家在市场经济的道路上应该加快脚步不断地走下去。

所以我觉得，"消费"和"内需"这两个词要重新定义，实实在在地讲，我们就是拉动消费。就像现在很多拍电影电视的，你问他干吗的，说是搞文艺、搞文化的。你傻在那儿，文化到国外去翻译，有个演员说是搞文化的，你是搞博物馆还是搞图书馆的？文化是这个概念，直截了当地讲我是搞娱乐的，这样多好，大家都听明白了。所以今天什么是消费？消费的"消"是可以消耗的东西，所谓的"费"是可以浪费的东西。

这个不是很难理解的，也不是很难刺激消费的，消耗可以消耗的消耗品、优质消耗品是中国13亿人巨大的机会。什么叫浪费？我们以前以为汽车和房子是两个内需，汽车、房子一辈子也就买一次到两次，汽车和房子里面的东西才是天天可以消费的。而墙上挂一幅毕加索的画根本就是浪费，但是这些东西消费起来，中国的经济才会起来，所以刺激创新是搞创新，搞市场行为。中国可以做的事情非常多，我们企业在迷茫的过程中只有一个问题，你的想象力不够。

想象一下，美国在20多年以前，是怎么对以基础设施投资和出口为主的市场迅速发动市场消费的，他们做了一个很重要的功课。美国有2亿多的人口，中产阶级也就是五六千万人，但是它以这个需求为主，拉动了世界经济。今天中国的中产阶级、中等收入人群有3亿，我们的收入是中等收入，但是我们的消费能力还是农民水平。我们不鼓励老百姓去消费，我们不鼓励年轻人花钱，那就是我们对未来没有信心。其实，对未来的信心也不是所谓的建立整套医疗保障，这又是学者思想。真正我们对未来有信心是对年轻人有信心，我们对未来是否有信心要看年轻人，所以今天看到中国大量的年轻人加入了高科技行业，加入了消费行业，加入了服务性行业，这才是我们的机会所在。

我对中国经济的长远发展一直充满信心，短期来看是有问题的，忘掉短期，如果你做企业是为了明年，为了下个季度，你只是个职业经理人，职业经理人考虑的是下个季度，作为企业要考虑的是5年、10年、20年。如果从20年的角度来讲，经济有几个轮回，只要经历了几个轮回的就是好企业，请问哪一家大公司没有经历过倒霉时期，没有经历过倒霉时期的企业绝对不能成为一个企业。没有受过伤的女人哪叫女人，没有受过伤的男人哪叫男人，那是女孩、男孩，企业也一样。所以在座的每个人想想看，基础设施的投资和出口，如果说我们今天还要继续坚持，是肯定不行的。未来中国也只有一条路，以消费拉动就是创意拉动、创造拉动、创新拉动，鼓励创造、创新，鼓励走向市场经济，这是我们巨大的机会。

所以，在我来看这是一个机会，不知道大家怎么看，反正我对未来是充满信心的，但我对今天、明天，有着胆小的谨慎，如履薄冰。一句话，以前这样，今天依旧坚持这样，今天很残酷，明天更残酷，后天很美好，但是绝大部分人会死在明天晚上，见不到后天的太阳。相信这个，你就会走出去。

声音：让好声音为演讲助力

说话是一种有声语言的表达，也是一种内在的剖白。在演讲中，演讲者可以通过声音表达思想、情感、观点，但如果演讲者的音质宽厚醇美、语调抑扬顿挫，那一定会给演讲增添不少美感，为听众带来一场听觉盛宴。

希腊哲学家苏格拉底说："请开口说话，我才能看清你。"心理学家认为："声音决定了人类38%的第一印象，而音质、音调、语速变化和表达能力则占说话可信度的85%。"

可见，演讲者的声音好坏也影响着整场演讲的效果。可是，不是每一位演讲者的声音都好听，毕竟他们来源于世界各地，不同城市，有的企业家无法改变自己的乡音。

遇到这种情况，企业家们也无须担心。一个人的声音是可以通过训练改变的，这就跟塑造人的形体一样。通过平时的练习，完全可以让自己的声音变得更加有韵味。

1. 咬字清楚，层次分明

俗话说得好："咬字千斤重，听者自动容。"在一场演讲中，听众最怕遇到咬字不清、层次不明的演讲者！一场演讲下来，什么都没听懂，完全是浪费时间，而演讲者也会因此损失一些潜在客户。

要想纠正这个缺点，最好的方法就是大声朗诵，对每一个词、每一个句子，缓慢练习，做到咬字清晰，再对整篇演讲内容深化理解，做到演讲时层次分明。久而久之，你的演讲就会进步不少。

2. 把握语速的快慢

语速是演讲成败的重要因素。从演讲内容上说，抒情的地方演讲者应该讲得慢一些，人物对话、情调低沉的叙述，也应该讲慢一些。不然，很难给听众留下清晰、深刻的印象。热烈的争辩、愤怒的指责应该讲得快一些。这样，才能反映和创造出应有的现场气氛。

3. 控制音量

演讲者声音大小的变化，能够表达出自己的真实情感。但在演讲中，演讲者还需要注意：在演讲的过程中突然很亢奋，或是有慷慨激昂的感觉时，演讲者的声音要大些；而自然的情感流露，声音不宜过大或过小，不能大到声嘶力竭，也不能小到让听众听不清。

此外，演讲者要学会准确地把握高音、中音、低音的运用规律，以便恰如其分地表达自己的感情。如：高音高亢、明亮，多用来表示惊疑、欢乐、赞叹等情感；中音比较丰富充实，多用来表示平和舒缓的情感；低音低沉、宽厚，多用来表示沉郁、压抑悲哀的情感。

语调有高低变化，演讲者只有使音调的高低随意而变，随情而变，才能营造最佳的演讲效果。

形象：用"人靠衣装"展现个人魅力

一个人的形象在很大程度上决定了他在别人心中的印象，甚至是价值。在日常生活或工作中，我们总会通过一个人的相貌、衣着、语言、性格、气质、态度等来对其打分，甚至决定是否与他合作。

虽说"人不可貌相"，但给人一种大方得体的感觉，对个人、公司和企业形象都是有好处的。心理学家曾做过这样的一个试验，他分别让一位戴金丝眼镜、手持文件夹的青年学者，一位打扮入时的漂亮女郎，一位挎着菜篮子、脸色疲惫的中年妇女以及一位穿着邋遢的男青年在路边搭车。

结果显示：青年学者、漂亮女郎的搭车成功率很高；中年妇女虽然也能搭上，但较前两位稍显困难；而那个男青年，等了很久也没有搭到车。

造成这样的结果，就是因为他们外在形象的不同。别人在不了解你之前，一定会先"以貌取人"。再者说，没人有透视眼，但能通过你邋遢的外在看到你的内在。

英国女王曾在给威尔士王子的信中写道："穿着显示人的外表，人们在判定人的心态以及对这个人的观感时，通常都凭他的外表，且常常这样判定。因为外表是看得见的，而内在则看不见，基于这一点，穿着特别重要……"

一个人的形象就是一个人的名片，是向别人展示自我的第一步，而别人也会从名片中获取对某个人的印象，从而对其打分。

在日常生活中，一个人的形象都如此重要，更别说公众演讲的企业家了。当他们面对着万千观众，面对着媒体，那他们所代表的就不仅仅是个人了。

演讲者的仪表、举止、礼貌、表情、谈吐等综合表现，直接影响着听众的评价和审美。因此，演讲者在演讲前，穿着的重点是整洁合身，庄重大方，色彩和谐，轻便协调。具体而言，"整洁合身"要求做到外表整齐、干净、美观，与自己的身材相协调；"庄重大方"要求做到风格高雅、稳健，与自己的性别、年龄、职业等协调，充分体现出自己的特点与神韵；"色彩和谐"要求做到服饰与特定的环境和内容相协调。不同颜色所表达的不同寓意和象征作用，已经在人们思维中形成了较为牢固的定式，深色给人以深沉、庄重之感；浅色使人感到清爽舒适。

具体地，演讲者可以参考以下几点：

1. 服装款式和颜色

演讲者要善于通过服装掩盖自身外形上的缺陷，展示自己的内在美。

如：矮胖者的着装原则是低领、宽松、深色，要注意上下身衣服颜色连同鞋袜要同色。女士应避免穿下摆印花的裙子，上衣或外套要短一些。

矮小瘦削者的着装原则是选穿浅灰色、浅黄、褐色等颜色的衣服。女士可穿直筒形裤子遮盖略高的鞋跟。

高挑瘦削者的着装原则是穿带有细格条纹和方格的外套。男士裤子不宜过于肥大，女士不要穿窄腰或领口很深的连衣裙，面料图案不宜选直线条的。

驼背者的着装原则应避免过大的衣服，最好不要在服装背后开口，可用大领子起遮掩作用。

2. 服装配色

不同的色彩能引起人们不同的联想，而演讲者的着装色彩能给听众带来不一样的心理感受。在生活中，一个人的服装配色由自身的性格、生活经历、经济基础、性格气质和爱好兴趣决定。但在演讲中，演讲者就要考虑到演讲的内容、演讲的环境和演讲的时空等诸多因素，进行服装颜色的搭配。

亲和力：拉近与听众的距离

亲和力是人与人之间信息沟通、情感交流的一种能力。在演讲中，亲和力对听众具有吸引力，能让听众感到亲切、自然，能缩短演讲者与听众之间的心理距离。

当然，亲和力不是靠严肃的说话态度产生的，而是一种自然而然的力量，能让别人感到舒适。

SOHO 中国董事长潘石屹是一个爱笑的人，无论在节目中，在访谈中，还是在演讲中，他的笑容总是令人印象深刻。或许正因为这样，在他身上总能感受到一种舒适自然的感觉，能拉近听众与其的距离，好像他不是一位企业家，而是一位睿智的长者，能带给我们一些关于困惑的答案。

在清华大学的一次演讲中，潘石屹讲述了他家里的故事，让人一下子就沉浸其中，如同年幼时听长者讲故事的感觉。

演讲内容如下：

20 世纪 70 年代，大约是 1970 年，我的家乡甘肃遭受了大旱灾，出现了饥荒，村子里的许多人都去陕西逃荒了，我们家没有加入到逃荒的队伍中去。这一年，我的小妹妹出生了，但没有奶吃。为了让她活下来，父母不得不把她送给别人家。

父亲找到邻村一户有奶羊的人家，准备把妹妹送给他们家。他们家来人抱走我的妹妹时，给我们家送了包饼干。妈妈用床比较新的被子把妹妹包好，这时全家人都哭了，除了父亲。他对来人说"这孩子长大后，一定要让她上学"。我对妈妈说"被子也送人了，晚上我们盖什么？"妈妈说"就让这床被子陪着你妹妹吧"。

以后的几年，一直到1978年父亲平反前，我们家的日子都很艰难。我们几兄妹都是断断续续地在上学。妈妈病重的时候，我的学业也中断了三次。每次重新回到教室见到同学们老师们时，我都非常高兴。

村里的邻居常对我父母说"你们读了这么多的书，还不是照样受罪？你们家现在是村子里面最穷的，为什么还要让小孩上学呢？回家帮你们做点事情，哪怕是到地里捡点野菜也好"。但父母一直坚持让我们上学，这种坚持从来没有动摇过。

现在来看，是知识和教育改变了我家每一个成员的命运，也改变了我们家庭的命运，我们家再不是村子里面最穷的一户人家了。

和同学们分享这个小故事，同时我有以下三点体会：

第一，教育是最重要的，个人的成长、社会的进步最根本的动力就是教育，就是人自身的改变。钱多钱少、官大官小、楼高楼低，比起知识和教育来说都不重要。

第二，如果通过教育，把每个人的潜力挖掘和释放出来，中国未来将有巨大的发展和进步空间。每个人都如同一座宝藏，而教育会把这些钻石、黄金一样的宝藏挖掘出来，不，是比钻石和黄金更珍贵的知识。

第三，如果只有一个上学的机会，必须要在一个男孩和一个女孩之间做出选择，应该把受教育的机会让给女孩，因为女孩以后会成为母亲，而母亲是人的第一位老师。我们西北有句土话，叫"公怂怂一个，母怂怂一窝"。也许你们听不懂这句土话，没有关系。

潘石屹先用自己的故事与听众拉近距离，再讲道理。这样的演讲技巧，能获得听众的好感。如果他一上来就说教育的好处，那听众势必会不耐烦，心想："好好读书"的理论从小到大听了几十年，还用得着你再说？

还好，潘石屹的演讲有理有据。因为他能有今天的成绩，就是接受教育的结果。除了用自己的故事展现自己的亲和力，拉近与听众的距离，演讲者还可以通过以下几点小妙招来让演讲取得成功。

（1）在演讲中，多微笑，没有什么比自然的笑容更让人舒服了。

（2）放慢语速，让自己的表达清晰有逻辑，给听众思索的时间。

（3）主动推销自己。当与陌生人接触时，难免会有隔阂感。此时，不如先简单地介绍一下自己，或幽默，或调侃，都能让观众为之一乐。

（4）态度诚恳。在演讲时，演讲者要讲真话，说心里话！不要认为自己是企业家，就给人一种盛气凌人、出言不逊的感觉。

（5）语言尽量朴实亲切。这样不仅能让不同文化程度的听众听懂，也能显示出自己的"绅士风度"。

用肢体语言，强化你的气场

美国作家威廉姆·丹福思曾说过："当我经过一个昂首、收下颌、放平肩膀、收腹的人面前时，他对于我来说，是一个激励，我也会不由自主地站直。"威廉姆·丹福思一语道出了身体语言对他人产生微妙影响的玄机。这节要说的就是肢体语言对人的影响力。

肢体语言又叫身体语言，是一个人通过肢体来表达思想的一种方法，其可以达到语言达不到的沟通目的。如：当有人希望你做某些事情，而你又觉得为难的时候，如果你直接拒绝，那对方肯定会觉得没有面子或是认为你不够朋友。此时，如果摆摆手或笑着摇摇头，那对方自然会明白你的意思了。

不仅如此，肢体语言还是一种双向的表达和沟通方式。而在演讲中，恰当得体地运用表情和肢体，能为自己的演讲增加不少分数。

国外一项最新的研究表明：现在所有的沟通行为中，单纯的语言成分只占17%，声调占38%，另外55%的信息都需要由非语言的肢体来传达。如果演讲者想要收到良好的演讲效果，就要善于运用身体语言。

如：在众多企业家中，马云算得上是一个善于运用肢体语言的人。在演讲时，他会收紧两腮，握紧拳头。激动之时，会两手张开，表情丰富。他那笃定的语气，丰富的肢体动作，已经成了他演讲时固有的形象。

在演讲时，他通过这些丰富的肢体语言，不仅形成了自己强大的气场，还让台下的听众听得激情澎湃。

如果你也想像他一样，那就应该学习一下肢体语言技巧了。这对于演讲者来说，是一个十分重要的能力。以下几点，可供演讲者参考。

1. 手势的含义

在演讲中，手是活动范围最广、活动幅度最大的部位，是身体语言的一个重要组成部分。在演讲中，手势语的"词汇"很丰富。作为一名演讲者，平时要认真观察生活，积极付诸实践。

下面，就给大家介绍几种演讲中常用的手势，比如：

竖起大拇指，其余四指自然弯曲，表示强大、肯定、赞美、第一等。

食指伸出，其余四指弯曲并拢，多用来指称人物、事物、方向。食指向空中则表示强调，也可以表示数字。

中指、无名指、小指三指并用式。表示数字或接受对方的意思，如"OK"。

O形手势，又叫圆形手势，曾风行欧美。表示"好""可以"的意思，也表示"0"。

五指并拢，手掌挺直，像一把斧子用力劈下，表示果断、坚决、排除的意思。

手举过头挥动，表示兴奋、致意的意思。

单手或双手握拳，高举过肩，表示愤怒、呐喊、加油、鼓励的意思。

用手掌拍头，表示猛醒、省悟、恍然大悟的意思。

2. 面部表情

在演讲中，演讲者面部的表情非常重要。合理运用面部表情，不仅能缓解自身紧张的情绪，还能提升观众缘。

在运用面部表情时，演讲者要做到自然真实，如：随着演讲内容和思想感情的发展，调动起面部的表情。切记：表情不可过分夸张，矫揉造作，也不可毫无表情，冷若冰霜。演讲者要尽量避免傲慢的表情、讥讽的表情和沮丧的表情。

3. 站姿

演讲者的站姿能给听众一个良好的印象。在演讲中，对站姿的要求很简单——正、直、稳，也就是站得正，站得直，站得稳，避免让身体晃动和摇摆。

此外，还需注意：男性演讲者应该让双脚与肩同宽站立，而女性演讲者要尽量将双脚并拢或丁字步站立。

4. 头部的语言

在演讲中，头部语言也可以传递一些信息。如：点头可以表示同意、致意、肯定、承认、赞同、感谢、应允、满意，也可以表示理解、顺从等情绪；摇头表示不满、怀疑、反对、否定、拒绝、不同意、不理解、无可奈何等；歪头、侧头，可以表示思考；昂头可以表示充满信心、胜利在握、目中无人、骄傲自满等；低头可以表示顺从、听话、委屈等。

5. 演讲中的忌讳

演讲中，还有一些肢体语言的忌讳。如果你有以下肢体语言，一定要摒弃，以免给听众带来不好的印象，从而影响个人或企业的形象。如：拍桌子；手指对听众指指点点；双手插入口袋；背着手；双手交叉在胸前；挠痒痒、抠鼻子、揉眼睛、抓耳挠腮等；摆弄衣角、纽扣等；乱动话筒；反复用手摸头发等。

第 **7** 章

公众演讲：顶级演讲的三个小秘诀

世界上最远的距离不是南极和北极，而是心与思想的距离，演讲者要做到身心合一。

——千海语录

熟记三点，助你找到属于自己的演讲风格

在演讲中，演讲风格是演讲者成功的重要因素之一。演讲风格，能展示出演讲者的鲜明个性，能反映出演讲者所要表达的内容及心理变化。

人都说"字如其人"，演讲也是如此。如：文学巨匠鲁迅善于思考，语言犀利，带有讽刺意味，所以他的演讲风格是幽默诙谐、富有哲理的；诗人郭沫若热情洋溢，奔放不羁，所以他的演讲大多是如诗一般语言的欢呼、呐喊。

对于演讲者来说，只有找到自己的演讲风格，才能吸引到听众，才能让自己的演讲富有意义。那么，如何找到自己的演讲风格呢？

1. 多讲

想要学会游泳，就必须先下水。同样的道理，想要有一个好的口才，找到属于自己的风格，首先就要多讲，利用一切可讲的机会多讲、多发言、多参加辩论。在这个过程中，不要怕别人笑话。别人笑话，就说明你还有进步的空间，而你也会知道自己有什么不足。慢慢地，你讲话就会顺畅许多，演讲也会有所进步。倘若你终日缄口不语，就如不敢下水的旱鸭子，始终无法学会游泳。

2. 多读书

培根曾说过："读史使人明智，读诗使人灵秀，数学使人周密，物理使

人深刻，伦理学使人庄重，逻辑与修辞使人善辩。"

哲学家赫尔岑说过："书是和人类一起成长起来的，一切震撼智慧的学说，一切打动心灵的热情，都在书里结晶成形……"

由此可见读书的重要性。人在学校期间，大多与书为伴，一旦步入社会，进入职场后，似乎就与书绝缘了。实际上，这是一件错误的事情。不管多大年纪，什么职业，都不能忽略读书的重要性。因为读书使人头脑灵活，思维敏捷，视野开阔，语言丰富。

演讲者想要锻炼演讲口才，就要多读书。在读书的基础上，适当地背一些名篇、名段、名句，加深对语言的理解。这对于训练自己的演讲口才是大有益处的。

3. 多念、多诵

在演讲中，但凡是那些能获得掌声的演讲，其演讲者都有着炽热的情感，有着抑扬顿挫、高低快慢的语调。如果你也想变成这样，就要多念、多诵，多念、多诵也是纠正口吃的最佳方法。

著名的演讲家西塞罗说得好："训练有文化素养的雄辩家的方法，不在于背诵演说的规则，而在于实地练习。"

因此，演讲者要根据自己的思维能力、语言水平和心理特征，从语音、语量、语力、语调、语汇、语速、语脉、语境、语态等方面由易到难，循序渐进地练习。经过长期训练，演讲者肯定能练出好的演讲口才，找到属于自己的演讲风格。

四种开头与结尾，让演讲有始有终

在前面的章节中，我提到过一篇演讲的开头和结尾有多么重要，那么在这一节中，我将给大家详细介绍几种开头和结尾的方式。

开头的种类有四种，如下文所示：

1. 开门见山

开门见山，是一针见血的演讲开头，它能让演讲者用简洁的语言鲜明地提出主题，激发听众的注意力，点燃听众倾听的热情。

开门见山最大的特点就是不拐弯抹角，不过分渲染，直截了当，符合大多数听众的心理需求。开门见山的开篇方式，适用于时间短或主题非常明确的演讲会。

比如：苹果创始人乔布斯在接受采访时，是这样开场的："我家隔壁街区住着一个名叫拉里·郎的邻居，他是惠普的工程师。他经常跟我在一起，教给我很多东西。我第一次见到电脑是在惠普。他们经常会在周二晚上邀请大概10个孩子去惠普，给我们演讲，让我们用电脑。我第一次见到电脑大概是12岁。我记得那天晚上，他们给我们展示了最新的台式机，并让我们玩。我当时很想拥有一台电脑。"

2. 幽默式

在演讲中，演讲者若是以幽默、诙谐的语言作为演讲的开场白，那么听众就会在一个轻松愉快的环境中进入角色，并乐于接受演讲内容。

幽默式开场，在无形中缩短了演讲者与听众之间的距离。试想一下，当演讲者一开口，就开始阐述自己的观点，提出自己的问题，那很容易让听众产生逆反的心理，觉得演讲内容乏味。

3. 悬念式

好奇心是每个人的天性。在演讲中，演讲者不妨用悬念式开场白，不仅能激发听众的强烈兴趣和好奇心，还能让听众尽快进入演讲者的主题框架。制造悬念时，演讲者可以栩栩如生地描述一件耸人听闻的事情，造成"此言一出，举座皆惊"的艺术效果。这样，听众不仅会蓦然凝神，而且还会侧耳细听，耐心揣摩演讲者的讲话内容。

当然，制造悬念不是故弄玄虚，既不能频频使用，也不能悬而不解。在演讲的过程中，演讲者要解开悬念，让演讲前后内容具有统一性。

如有一篇演讲的开头是这样的：

在 140 年前，伦敦出版了一本被公认为不朽的小说杰作，很多人都称它为"全球最伟大的一本小说"。在小说出版之时，市民在街头巷尾与朋友见面，都要彼此问一声："你读过这本书吗？"答案几乎都是"是的，我已读过了"。这本书出版的第一天，便销售了 1000 本，2 周内销售了 15000 本。此后又出版了不知多少次，世界各国都有了译本。几年前，银行家摩根以高昂的价格买到了这本书的手稿。现在，这本书的原稿被陈列在纽约市的美术馆。这一部世界名著是什么？就是狄更斯 19 世纪 40 年代写的《圣诞欢歌》。

4. 引经据典式

在演讲时，演讲者可以引用名人语录，然后再抛出寓意深刻的典故，使演讲变得有声势。对于听众来说，名人语录、诗词名句等都具有思想深邃和语言优美的特点。若能适当地运用名言作为开头，也可以收到很好的演讲效果。

如有一篇演讲的开头是这样说的：

各位朋友，大家好！很高兴在这里认识大家。人类第一个登上月球的宇航员阿姆斯特朗曾说过："一个人的一小步，却是整个人类的一大步。"那么，对于今天我们要提高演讲能力的人来说就是："上台一小步，人生一大步。"不开口不知道自己舌头短，不上台不知道自己腿短。要想提高演讲能力，上台开口练习是不二法门。所以各位和我一起念："只要有说话的机会，就开口说话；只要有上台的机会，就立刻冲上舞台。"

结尾的种类有以下四种：

1. 总结式

在演讲结束时，演讲者会简洁扼要地对已阐述的思想进行总结。这种结尾方式最大的特点是：语言精练、突出中心、强化主题、首尾呼应。

总结式结尾适用于多种演讲场合，其目的就是对演讲的内容进行简单的总结，重新梳理内容，使听众的印象更为深刻。

2. 问题式

以发问的形式作为结尾，是一种不错的演讲结束方式。其最大的特点是：具有启发、强调、肯定、感染的作用。

如有一篇演讲的结尾是这样说的："我们每个人不都是一道亮丽的风景吗？是啊，要找到适合自己的，才能把自己变成最好的。"

这样的发问结尾引发听众深沉的思考，启示着人们做出正确的抉择，追求有意义的人生，引人深思，催人警醒。

3. 趣味式

哈佛大学演讲大师乔治·威廉说过："当你说再见时，要使他们脸上带着笑容。"也就是说，听众的笑容等于演讲成功。在多种多样的演讲结束语中，趣味式可算得上一个不错的结尾方式。

4. 画龙点睛式

俗话说得好："编筐编篓，重在收口。"演讲也讲究有始有终。当演讲者退席后，他最后所说的几句话，将会在听众耳边回响，"余音绕梁"即是如此。因此，演讲者在演讲结尾时也需要进行精心设计。精彩的结束语犹如与人话别，能耐人寻味，给听众留下难以忘怀的印象。

总之，结尾是走向成功的最后一步，说得好，能曲终奏雅。而说得不好，那演讲可能会功亏一篑，并令听众失望和扫兴。不仅如此，演讲有一个好的结尾，还能对演讲起到画龙点睛的作用。

互动交流，像马云一样活跃现场气氛

在演讲中，与听众互动交流，能够活跃现场气氛。若是没有互动，也就无法与听众拉近距离，无法与听众产生共鸣，无法与听众的思想碰撞，从而出现"单向传输"的沉闷演讲景象。即使你的内容再专业，演讲再激情，也犹如一个人在自说自话。

那么，如何与听众产生互动呢？演讲者可以参考以下几点：

1. 抛出话题，引发议论

提出问题，让听众讨论，从而引起听众参与的兴趣，引起台上与台下的互动。这样一来，听众的热情被调动起来，演讲者也有了演讲的热情与信心。

2. 倾听回答，不要打断

在互动过程中，倘若有听众提问或发表自己的看法，演讲者不要轻易打断，要耐心听完，并给予一定的肯定与建议。事实上，能够举起手的听众内心会很紧张，希望快点结束问答，如果演讲者贸然打断，会让提问的听众和演讲氛围陷入尴尬。

演讲者正确的做法是：当听众在表达观点期间，要有一定的耐心，可用肢体语言进行鼓励和认可，如点头、微笑。当听众说完后，要对听众提出的问题加以认可和表扬，如"你的问题很有趣""你的话很有价值"等。

3. 换位思考

在演讲中，演讲者要与听众进行换位思考，并站在听众的立场说话。当听众表达思想时，不要急着否定，或是站在自己立场上指责对方的不是。这样的话，会让演讲变成一场辩论会，且让听众认为演讲者是一个没有风度的人。

在众多演讲者中，阿里巴巴创始人马云的演讲口才一直被人津津乐道。如果你仔细分析就会发现，马云每次演讲或说服他人时，总是能感同身受，站在对方的角度去思考，抓住对方心中那根弦，随即攻破对方的心防。如马云的员工在市长讲话的大会上表现不佳，但是马云并没有提出批评，而是感同身受地表达了自己的看法和意见。他的做法既保住了员工的面子，还鼓励了员工在今后的日子中应该做出怎样的努力。

以下为马云在员工大会上的演讲实录：

昨天晚上我有一点难受，我把难受的事情给大家讲一下。昨天我们市长讲话的时候，我发现我们很多员工表现得很不错，但是有一批员工还是在讲话，这让我难受。我说阿里巴巴的员工大会这么多年来，我们在公司内部的员工大会没有人打瞌睡、没有人讲话，大家都往前面坐。

昨天不全是阿里巴巴的同事，可能也有雅虎的同事。我们希望能让大家骄傲，我们希望对市长尊重。昨天市长也尴尬，秘书长朝我看，我觉得这样会影响阿里巴巴在杭州的品牌和影响度。

我希望今后阿里巴巴所有公司的员工首先要自己严格要求自己，往一个方向做，我们的价值观要让别人尊重。

我不多讲战略。我希望全世界最强大的公司诞生在中国，诞生在阿里巴巴集团里面，这就是我们未来 3 年的战略目标。然后过两天会开战略会，战略会后我会让每一个员工都了解我们的战略。

另外，我们团队的表现方式是请同事相信公司，公司相信同事，大家一起努力才能往前走。

第 8 章

即兴与脱稿演讲是一门技术

好的演讲在于成交，用你的思想去收钱，收人，收心，收灵魂。

——千海语录

即兴演讲，最能展现魅力的演讲

即兴演讲，就是在事先未做准备或准备不充分的情况下，或临场发挥，或因事而讲，或因景而讲，或因情而讲的一种表达方式。

在这个过程中，演讲者没有现成的稿子，也容不得深思熟虑，全靠临场发挥。有人称即兴演讲有"一言既出，驷马难追"的坚决。也因此，即兴演讲对一个人心理素质、应变能力、说话水平、文化修养等综合能力，都有着极大的考验。

如果企业家们能做到即兴演讲，那魅力的体现就是不言而喻的。当然了，即便是即兴演讲，也不能想到什么就说什么，内容杂乱无章，毫无新意。

以下要说的这几点要求，也是即兴演讲中所要遵循的。

1. 构思要迅速

即兴演讲的特点是即景而发，随机而谈。因此，演讲者在构思上一定要追求速度和明确框架。与此同时，演讲者要从实际出发，为演讲寻找一个合适的切入点，且在明确中心观点以后，再举例说明问题，以增强演讲的说服力。另外，演讲者要注意：演讲中的每一个层次、每一个段落、每一句话语，都要反映出主题。

2. 语言简洁

即兴演讲时，语言要简洁有力，并以亲切生动的表达给听众留下深刻的印象，或是让其深思。演讲者要明白语言简洁不代表空洞无物，而是要言之有物，言简意赅，力求信息量大。

如创新工场董事长兼首席执行官李开复在北大演讲时是这样说的：

今天我讲的题目是"科技人才和教育"，就像石校长所说的，在 32 年前，我踏上了美国的国土，在美国一共住了 30 年，因为中间有 2 年在北京工作。在美国的 30 年，我在 2 所大学读书，从本科读到博士。在美国不同的大学做过兼职或任教，在美国 3 个成名的、成功的公司工作，得到了一些启发，得到了一些感想，想想美国是怎么成功的，今天我想把这些因素来和大家做一个交流。当然，任何一个国家，都有它的好处，也有它的坏处，有它做得成功的地方，也有它做得失败的地方。今天在这儿，我想如果要谈美国的失败，那么我就是班门弄斧，应该和各位进行探讨。所以，我今天并不是说美国都是对的，都是好的，但是我是从它好的、坏的里面挑出一些对中国也许有一些启发的。

3. 要有感染力

能够即兴演讲的人，内心一定是汹涌澎湃的，一定是想要别人认同，并与自己一同在某个观点中遨游的。因此，有感染力是即兴演讲的一个重要要求。

演讲者要通过即兴演讲，让听众接受某些观点，并产生一定的共鸣。在语言上，演讲者可以用生动、形象、精粹、有力、幽默的方式娓娓道来或用富有哲理的语言来表达。

如蒙牛企业的创始人牛根生的演讲。虽然他的演讲不是即兴演讲，但其内容所富有的感染力值得每一位演讲者学习。其演讲内容如下：

三聚氰胺事件爆发后，社会一迭声地问："你知不知情？"

牛根生回答：不仅我不知情，我们的团队也不知情。我和我的员工，天天都喝蒙牛牛奶。我们管理层居住的小区叫"圆缘小区"，这个小区里有一个社会上的超市开的连锁店，叫"金昌超市·蒙牛店"。这个连锁店和呼和浩特的其他超市没有什么区别，进货渠道相同、产品种类相同，从特仑苏到利乐枕到百利包，从白奶到酸奶到奶粉，应有尽有。消费该店产品的人，99%是蒙牛的管理层成员及其亲人。

有记者在调查时，细心地发现：即使是蒙牛总部员工生活区旁的连锁超市，三聚氰胺事件爆发后，蒙牛液态奶销量同样降幅明显。例如蒙牛高钙牛奶，该店该产品7月的零售收入为1185.9元，8月的零售收入为1172.7元，而9月三聚氰胺事件发生后，前22天的零售收入只有482.5元。购买量事发前月月增高，事发后骤减一半，这也证明蒙牛员工和家属事前并不知情。

两年来，俱乐部的各位企业家先后率领几十个团队来过蒙牛，每次会桌上、餐桌上必上蒙牛产品，蒙牛团队和大家都是一起饮用的。

就在三鹿事件爆发前1个月，俱乐部的理事、荣誉理事还曾齐聚蒙牛。在历时3天的活动中，诸位企业家、学者以及蒙牛管理层成员，从纯牛奶到酸奶，从乳饮料到奶茶，从奶酪到雪糕，几乎吃了一个遍。如果我们知情，既不会如此招待朋友，更不会这样对待自己。

事件爆发前4天，荣誉理事柳传志先生带领联想控股管理团队109人参观指导蒙牛，而与蒙牛管理团队一起吃喝的，仍然是蒙牛各类乳制品。

4. 以理服人，实事求是

以理服人，实事求是是即兴演讲的一个基本规则。在即兴演讲时，演讲者要尊重事实，要保证自己的演讲内容都是真实且有根据的。

阿里巴巴创始人马云曾这样说过：

针对有人提出"大商城卖家不一定不卖假货"的言论，我的回复是，真有这种以假乱真、为攫取巨额利润而不择手段的卖家，无论他是大卖家，还是超级大卖家，我们都不能姑息养奸。淘宝是大家的淘宝，不是某一个大卖家的淘宝！

针对变革，我还听到了另外一种言论，就是说我马云为了赚取更多的利润，为了圈钱，所以才肆意提高价格，驱赶昔日的中小卖家脱离商城。我想请大家算一笔账。如果淘宝不进行这次改革，让它恣意散漫发展，只需要从上淘宝的卖家中抽取3%的佣金，每年淘宝销售额是1万亿元，进入淘宝的收益将是300亿元，和几十亿元的押金比较起来，您觉得，是实在地拿到300亿元划算，还是拿到60亿元的押金每年返还划算呢？亲们：这个账您懂的。这次变革的目标不是要排挤中小商家，而是要真正地提高门槛，从罚款上消除假冒伪劣产品。

从马云的这两段话中我们可以明白：以理服人，实事求是才更能让人信服。在这两段话中，马云运用数字和调查，对症下药。如果他只是几句空洞的套话，反复讲"我们不会卖假货"，相信很难令大家信服。

所谓"冰冻三尺，非一日之寒"。练就即兴演讲的水平也非一日之功，演讲者们要在实践中不断钻研和锻炼，才能提高个人素质和演讲技巧。

脱稿演讲的四大好处

脱稿演讲是演讲的一种高级形式，也是衡量演讲者能力水平的一个重要尺度。企业家想要做到脱稿演讲并不容易，毕竟这是一门技术活。

在平时，很多人的演讲稿都是事先写好的，演讲时只需要念稿就行，但这容易让人陷入到平淡的演讲框架中，无法做到声情并茂、感情充沛，与听众进行有效的沟通。从这点来说，脱稿演讲比念稿演讲更有吸引力。

很多企业家会认为，脱稿演讲难度太大，不容易控制演讲场面，从而会出现尴尬的情况。作为在人前保持着美好形象的企业家，是绝对不会让这种情况发生在自己身上的。所以，在公众演讲场合，为了确保无误，企业家们是不愿放弃演讲稿件的。

但是，作为演讲的高级形式，脱稿演讲对企业家来说有很大的价值，能让其收到意想不到的演讲效果。

1. 更有说服力

作为企业家，如果在演讲中一直看演讲稿，将演讲稿一字不落地传递给听众，那这已经失去了演讲本身的意义，那些思想和呼吁也失去了意义。

而脱稿演讲就不同了，它会使演讲内容更真实可信，如果演讲者口才雄辩、气势跌宕、言辞恳切，那其语言将会更有说服力，更能得到听众的认同。

2. 树立个人形象和权威

在演讲念稿的企业家中，脱稿演讲更容易独树一帜，打造自己的演讲风格，使企业家在公众场合中树立个人形象和权威。在这样的基础上，企业家能让团队的管理更加顺畅，且更有利于团队工作的展开。

3. 锻炼口才

脱稿演讲会让企业家变得更加自信。在精彩的脱稿演讲中，演讲者会听到来自于外界的赞赏。可以说，脱稿演讲能让企业家的思想自由发挥，在开放的思维下畅所欲言，并且在很大程度上能够锻炼演讲口才。

4. 让听众产生共鸣

脱稿演讲比念稿演讲更吸引人，因为前者能够考虑到听众的需求，从听众的需求出发，容易打动人心，使听众产生更强的共鸣感。

董明珠脱稿演讲，霸气侧漏!

对企业家来说，脱稿演讲的一大好处，就是打造个人的强大气场。相信每一位企业家都想让自己与别人有所不同，尤其是在具有宣传和传递功能的演讲台上。企业家们渴望被人信服，被人发自内心地尊重，渴望树立起有自我风格的权威。

当然，脱稿演讲也分口才好的和口才不好的，前者能够得到脱稿演讲的一切好处，而后者就会窘态百出，甚至砸了自己的"招牌"。

下面，演讲者和企业家们学习一下董明珠在《开讲啦》节目中的演讲——"对自己狠一点"。

以下为文字实录:

大家好，我很高兴站在这里和大家来分享。可以这样说，也可以骄傲地说，格力电器是一个专业化的企业，是一个一直做空调的企业，能够在 20 年的时间，从 2000 万元做到 1000 亿元，从 2 万台做到 4000 万台，这样的成绩到底来自于哪里? 不是我一个人，是我们所有的员工，大家都有对自己的狠劲，才能不断地把自己的产品做得越来越好。

我记得，当时我应聘到格力电器的时候，我是应聘去当业务人员，说实在话，那时空调是什么东西我也不懂。但是我去的时候，遇到了一个很大的问题，就是我们上一任业务人员，留下了一笔债务，40多万元。很多人也说，董明珠你别去追了，这跟你没有关系。但我后来讲我是格力的一名员工，我今天接替了他的这个位子，我就要对企业负责任。

这一笔40多万元的债我追了40多天，天天堵在他的门口，他到哪我就跟到哪去向他要。最后那一天他终于同意了，他说你来拿货吧，我把货给你，后来我说好。结果到那时，他又不见了，我就特别地生气，我又找了他们手下的员工，动之以情，晓之以理，让他们能够理解我：如果我们两个换过来，你们会怎么样。他们听了很感动，说明天老总一到，偷偷地通知你。所以第二天他到的时候，我就堵在那儿，当时我的心情很激动，我就自己去搬，那个空调很重但是我也不管，就是拖也要把它往车上拖。结果我把它拖完以后，上了车我还怕他追上来，把我车上的货拦下来，所以等我车子发动的那一瞬间，我就跟他说我这一辈子都不会和你做生意，也就是在那个时刻，我真的是流眼泪了，我哭了，因为追债太困难了。

很多人认为这件事不可理解，这不是你个人的东西，你干嘛这么去较劲，但是我觉得作为一个人来讲，一定要有个做人的原则，就是要对别人负责任，你是这个企业的员工，你要对你的企业负责任。那么我在这个情况下回来，大家说董明珠你回来当部长吧，当时我是业务员，最高时可以拿到一百几十万，而我们那儿的总经理才能拿几万，所以我觉得就从这个数字变化（来看），我觉得还是当业务人员好，我不想回来当部长。但是一看也应该回来，就是说你一个人再有能力，如果企业真的垮掉了，你还能存在吗？

当回来做了部长以后，我举例来说明，对自己狠一点的好处在哪里。一个就是当时我们（销售）还有淡旺季，到了旺季大家都来催货，我们经销商就找到我的哥哥说，你帮我拿一百万的货，我可以给你两三万块钱的提成。所以我哥哥也很高兴，打了个电话对我说，明珠我明天想到珠海来，我说你来干什么，他说我要来拿货，我说你又不是经销商，你来拿什么货啊，他说有好处给我啊，拿一百万的货可以给两三万块钱，当时我一听就说你不要来。然后电话挂掉以后，我就马上打电话给那个经销商，我跟他说是不是你通过我哥哥要货呢，他说是啊是啊，他也很高兴，因为觉得接上头了，但是我给了他一句话，现在开始通知你停你的货了，他就觉得不可理解，因为你格力厂没有任何损失，而且通过你哥哥拿到货，你哥哥也能得到好处，公私都有好处，你为什么不干呢？所以他后来想来想去想不明白，跑去找我哥哥说，你这个妹妹是不是你亲妹妹啊，我的哥哥也不理解，他说你手上有这个权力，又不让你违法，你就为我们家里做一点点事，让我们（有）一点点发财的机会，你为什么不给，但是我跟他讲，一个人当你拥有权力的时候，这个权力不是为你服务的。

那个经销商，半个月后写了个保证书给我，说绝不再找我哥哥了，那一年他做了七千多万，如果按照那个2%（的提成），那我哥哥当年就可以拿到一百几十万的（提成）。但是你要知道，我哥哥是发财了，所有的商家如何看格力电器？他们以后还用心去做市场吗？他们唯一要做的一件事，就是天天找格力电器去勾兑。所以他从当时不理解，到2001年真正地理解，为我发出感叹的时候，他才知道我为什么要对自己这么狠。这是我们作为自己有权力的人，应该做的一件事。

那我第二狠的一点又是什么呢？我不仅说对自己要求严，当我回来当部长时才发现公司里面有那么多的问题。到了旺季的时候，不要说这些开票的人有权力，连我们的搬运工都有权力：你想先上货吗？你先（送）给我一箱水。甚至于发展到后面，你肯定要送点好处给人家，谁给的好处多就给谁先发货。你们可以想象当时这样的一个状态，我觉得这个企业，还能不能有生命力？

这又回到刚才我们的主持人说的，很多企业请成龙代言以后，为什么垮掉了？不是由于成龙代言垮掉的，我认为那个企业没有完整的制度，所以我回去以后，人家说董姐非常好说话，怎么回来当了部长摇身一变，对我们这么厉害。厉害到什么程度，我们所有的女性不准戴耳环，戒指也一律不让戴，不可以（留）长头发，全部是短头发，要是长头发必须盘起来，否则不可以上班。可能今天说了大家很奇怪，你董明珠有什么理由要这样做，因为当时公司在一盘散沙的条件下，要让他们有一种集体的观念，所以首先从行为上来约束他们。

接着，我做了一个什么事呢？当时规定上班不准吃东西，不准窃窃私语，不准互相交流讲话，如果没事做，你可以看书。我们的这个内勤人员，就觉得你只是说说而已。有一天，我从别的办公室，走到这个办公室后，大概只有五秒钟的时间，我们下班铃声就响了，但是在这五秒钟之前，我看到这些员工们在吃东西。当时我就罚了他们的款，然后他们又找了一个理由说，我们也没有办法，是某某带来给我们吃的，你要罚不能罚我们，我说那更好，那就罚你们50块，罚他100块。当时在现场罚的时候，我们那个挨罚100块的员工，家庭条件非常困难，那时我们做后勤的一个月工资只有800块钱，罚他100块钱，对他来说是很大的一个数字。但是我下班以后，从我的口袋里拿了100块钱给他，我告诉他说，那罚款跟这100块钱不是一回事，那个款已经上交了，这是我给你的100块钱，是因为你家庭困难，我给了你这

100 块钱，但不等于是把这 100 块钱的罚款还给你。通过这样一个小小的惩罚，大家都意识到了要遵守制度。

2001 年当了总经理的时候，当时我觉得出现了一个很奇怪的现象，我们格力电器也出现了罢工现象，大家可能会说，现在的员工太难管，现在的员工太刁蛮，但是后来我说不是，员工是很可爱的，他没有权力他是被动的，而我们的干部是风，你干部的风往哪里吹，那个草就往哪边倒。这时我觉得如果出现这么多不好的现象，原因来自于哪里，来自于我们的干部队伍出了问题。所以我当上总经理的那一年，做的第一件大事就是干部作风整顿。

很多人都说董明珠管营销很厉害，当总经理能不能管得到我们啊？但是那次干部作风整顿会议以后，他们说董明珠太厉害了，但是希望你光打雷不要下雨，过去的就过去了，从现在开始严格要求行不行啊。我说那不行，因为你们侵吞了企业的国有资产变为自己的，利用手上的权力，得到你们自己个人利益的最大化而伤害了企业利益，伤害了员工的感情，是绝对不允许的。所以，我当总经理的时候，对干部做了整顿以后，想知道更多的情况，听到我们真正一线工人的声音。我当时想了个办法，我就发现总经理信箱，都摆在厂长办公室的门口，那你说谁敢在这儿投诉呢，因为当你投诉了一个东西进去以后，如果总经理找这个厂长谈话，厂长肯定就知道是这个人投的，那这个人很可能就被炒掉了，所以没人敢投诉，怎么办呢？我就让人在我们的食堂、厕所那些看不见的角落，全部都挂上总经理的信箱，我们最多的时候收过 700 多封的总经理投诉信，根据这 700 多封投诉信，找出我们的差距，找出我们的问题，从而练就了一支优秀的干部队伍，所以我觉得这些都属于我们讲的所谓的一个"狠"字。

在这个过程中，你一定为难的不是别人，为难的是自己，是自己这个团队。格力电器22年，我为格力电器付出了，别人说你值不值得，我觉得值得。我有次去台湾，在过安检的时候，一个安检员看见我，他说你是董明珠，我就笑了笑，他就说我用的是格力空调。他是把格力和你董明珠联系在一起的。这种尊重，你说你用钱能买得来吗？买不来。所以我觉得一定要追求一个人生价值，不要光考虑眼前的利益，或者不要为钱而活，我觉得一个人的一生当中最大的价值不在于你多么富有，而是你回头再看的时候，你问心无愧，那就是你真正的价值。

我曾经在很多场合说过别人奋斗了，最后这个人很成功，他现在已经是多少多少亿的身价，他现在已经是什么样了。我没有，但是我觉得我很幸福，因为我造就培养了多少个千万富翁、亿万富翁，我觉得我的价值就在于得到了社会对你的认可。

我记得小的时候，当时12岁，我们的辅导员说，今天大家一定要去游泳，我觉得自己很难看，很丑，所以我不愿意去。后来老师就给我做了很多的思想工作，他说你个子这么高，你为什么不能去，就是他这句话激发了我，我说去就去，当时他说我给你挑三个能横渡长江的人教你，然而这三个人见到水，就像回到家一样，他们说你站那儿等一会儿啊，我们先去游一圈回来再教你，恰恰就在他们游一圈时，我差点死掉，当时那水大概就这么深，因为在河边上，当你倒进去根本就起不来，后来有一帮刚学会游泳的人看见了，他们过来把我救起来了。经历过这个，大家可能会说我再也不游泳了，但是后来我就琢磨了一下，一定要学会游泳，如果我不会游泳，有一天同样还会被淹死。

还有一次就是踩单车，有一天踩单车回家的时候，迎面就遇到公交车过来，当时怎么办呢，我就拼命地踩，然后身体拼命地往后头仰，因为觉得只有这样，才能避开这个公交车对我冲过来，当跑到车边上的时候，一下子就倒下来了，倒下之后我第一反应是爬起来不看别人，屁股上的灰都没掸，把车扶起来就跑，觉得很没面子。但是也没有因为摔倒过，以后自己就退缩了，而是更加坚定自己要骑，而且不是简单地骑好，是总结经验，骑得更好。

　　第三个我觉得最感动的跟"狠"是没有关系的，我的儿子从小学到大学毕业，我从来没有到学校接过他一次。有一次，我从他校门口经过的时候，看到他正好放学，我开了车，我真的想停下来接他，后来我一想，一定要让他自己回家去，所以我没有接他。我就回去了，但是那天他很晚才回来。我就问他，路上干什么去了，他就告诉我说，他说我在那等车，今天因为有空调的车是两块钱，没有空调的车是一块钱，他为了等那一块钱的车，等了半个小时。那你说我们是不是缺这一块钱呢，不缺，但是我觉得对孩子也一样，所谓的狠一点，是培养他一种艰苦奋斗的精神，所以今天他已经大学毕业，也已经在工作，但是他没有在我的身边。他跟我讲了一句话，妈妈您能从零开始，我也可以，所以他在外面给别人打工，一个月就5000块钱，但是他干得很开心，很快乐，所以我觉得这点对我来讲也是个很大的欣慰。我想借这个机会讲一点，就是说希望你们一定要清醒地认识到，只有经历过奋斗，你回味的时候，才觉得你的人生是有意义的。我就是这样。今天就讲到这里，谢谢大家。

第 **9** 章

忘记演讲内容怎么办？——不可不知的演讲应变技巧与控场技法

　　鸟儿站在枝头上不是相信树枝，而是相信自己的翅膀，好的信念增加演讲的力量。

——千海语录

忘记演讲内容？三招让你轻松面对

在演讲中，企业家最怕的就是忘词了，就连 360 创始人周鸿祎与搜狐首席执行官张朝阳都有过忘词的经历。

在一些企业家眼里，在演讲过程中忘词是一件很尴尬的事情。虽然尴尬，但在实际演讲中，这种情况也是避免不了的，即便你在演讲前将演讲词背得滚瓜烂熟，在上台后也可能会出现脑袋突然"空白"，导致"忘词"。有的演讲者会糊弄过去，但在接下来的演讲中，演讲者会担心听众因此而议论自己，随即变得惶恐不安，出现"牛头不对马嘴"的情况。

在北大的一次演讲中，著名主持人朱丹也曾出现忘词的情况。那天，她上台后，向听众们鞠了一躬。当她刚说完"各位同学，大家晚上好"后，现场响起了一片热烈的掌声，也正是这个掌声，打断了她的思路。不过，她还是以最快的速度调整好状态，通过过渡句，为自己赢得了演讲时间，并活跃了现场气氛。

她是这样说的："今天看到各位同学，心里有点激动，让我想起了自己大学的故事，我想再次借用大家的双手，为我激动的心情来一次鼓励的掌声。"

过渡句是演讲者可以学习的一点，此外·还有几点应急措施，以供演讲者参考。

1. 集中精力，及时补救

当演讲者出现忘词后，不要胡思乱想，认为听众一定抓住了你的漏洞，会嘲笑你，而是要保持镇定，让自己集中注意力，以求在最短的时间内想起演讲内容，补救因忘词而出现的尴尬局面。如果你真的想不起演讲内容，就不要沉浸在"回忆"中，出现"演讲空窗"，要接上下面的演讲内容，以保证整场演讲的流畅性。

2. 插话提问或重复

当演讲出现忘词后，演讲者可以插上一句："各位听众朋友们，我这样讲不知道大家能不能听清楚？""这位听众，我看你听得最认真，你能否给大家再叙述一下，我刚刚讲了些什么？"

利用询问听众的空间为自己赢得时间，从而迅速记起演讲内容。即便是记不起来，也无所谓，话题可以根据提问来进行下去。

此外，演讲者还可以重复演讲内容，以表示强调某个观点或问题，如"刚才我说过……这个问题，它……所以，我们应该给予高度的重视"。经过重复前面的演讲内容，以便于演讲者引起联想，或想起演讲内容。

3. 不存在忘词

当演讲者出现忘词后，演讲者不用担心，也不用着急，不要把忘词当成一回事。你只需要想到哪里就从哪里接下去，将其看作是一次不完美的衔接好了，听众也不会因此而"斤斤计较"。为了衔接得更自然些，演讲者可以适当地加上关联词。

上面的几个方法，虽然不一定适合每个人，但也算得上是演讲的小妙招了。切记：如果演讲者在演讲结束前回忆起"忘词"的部分，可以适当找个机会，将内容补充进去。当然，如果忘词的内容是无关紧要的话，那就忘掉

"忘词"的部分，并告诉自己：你没有忘词，你只是把不那么重要的话摘除了。

演讲中有人"挑刺"？让机智来帮你

在演讲中，当有听众"挑刺"时，无论其是善意的还是恶意的，都要记住：不要与听众争辩！对于演讲者来说，你的争辩无论是赢还是输，都会让自己与听众之间的矛盾升级，还会显得自己没风度。演讲不是辩论，而是双方思维碰撞的一次机会。

古人说过：量宽才能得人。当遇到观众"挑刺"时，演讲者首先要做的就是包容，其次是冷静分析，看听众是出于什么样的心理，是善意的还是恶意的。

在演讲中，相信许多人都会遇到恶意的挑剔，如对方故意说"别讲了，你根本就是胡说八道"。听到这话，你一定会觉得难受，不知道怎么接招吧！即便你的演讲不像他所说的那样，你的情绪也一定会被他所影响。此时，要冷静下来，把他当作是故意刁难你的人，随即微笑着对他说："胡说八道的定义，我本来不那么明确，但现在我明白了，就是我站在台上演讲和你站在台下听的区别。"说完后，对其他听众说："真是不好意思，一个小意外，浪费了各位的时间，不过没关系，我们继续讲刚才的话题，争取讲快些，夺回浪费的时间。"这样一来，尴尬的就不是你，而是那位挑刺的听众了。

此外，演讲者还会遇到这样的情况：当你与观众互动时，突然发现时间不够了，此时你必须要结束互动，继续你的演讲，但还会有听众不断地提问，此时，你应该说"看来这个话题是大家都感兴趣的，不过再好的美味也经不住这么多咀嚼啊！""对于刚才的话题，大家是不是有些意犹未尽呢？没错，这就是我演讲的目的。接下来，我们继续回到演讲中……"

若是还有听众不依不饶，想要问一些问题，且带有故意捣乱的性质，演讲者千万不要与其纠缠，要对他说："这个问题不在今天的讨论范围内，这样吧，如果你想知道答案，可以在演讲结束后，来后台找我，我们也不用占用其他听众的时间。"或者，你反问他："那如果是你，你会怎么回答这个问题呢？"而当演讲者把问题丢给他时，相信他也会安静下来。

演讲中突然冷场？五招帮你打破尴尬

演讲台是让企业家展现自我的一个舞台，其演讲的好坏，决定了展现自我是否成功。当然了，企业家想要通过演讲抓住听众的心，确实不是一件容易的事情，毕竟听众的年龄、职业、学历等有所不同，感兴趣的方面也有所不同。

也因此，在演讲中会出现这样的情况：演讲者在台上滔滔不绝，台下的听众却毫无兴趣，甚至开始昏昏欲睡；演讲者在台上慷慨激昂，台下的听众却毫无反应……这也就是所谓的"冷场"。

当演讲出现冷场时，就意味着企业家的演讲是失败的。那么，如何避免冷场呢？首先，我们要明白为什么会冷场，比如：演讲者的语言过于平淡，没有吸引力；演讲者只顾自己，不顾及听众的感受；演讲者的言论中出现了偏激的言辞；演讲者的内容不符合听众"口味"，或是让听众听不明白……

当知道这些原因后，再找出"冷场"的解决方法，就会容易很多。以下几点，可供企业家们参考：

1. 调动听众热情

前面已经说过，互动是最能调动现场气氛的方法之一。在演讲过程中，演讲者不要只是一味地讲，而是要顾及听众的情绪。你讲得再好，再认真，但听众不买单，那就相当于白讲了。

2. 语言要简洁明了

如果演讲者总是重复演讲内容，只会给观众带来一种厌倦感，他们会认为演讲内容没有新鲜感，且没有营养。所以，避免重复是演讲者应该做到的。这样不仅能节约演讲者和听众的时间，也会给听众留下一个"利索"的好印象。

3. 用故事说事件

当演讲者在演讲中遭遇冷场时，不要觉得尴尬，也不要觉得没面子，而是要调整自己的演讲内容，如将原本平淡的道理通过故事来进行演说。

对听众来说，最吸引人的莫过于趣闻轶事了。而演讲者抓住听众的心理，又适时地讲述趣闻轶事，会使"冷场"的演讲现场立马活跃起来。

4. 制造悬念

当演讲现场出现冷场时，演讲者不如在演讲内容中增加悬念，用来吸引听众的注意力，使演讲内容和情感得以准确传达。

对于听众来说，好的悬念不仅能为演讲者的魅力增加光环，活跃"冷场"的现场气氛，还能吸引听众的注意力，并让其对演讲产生浓厚的兴趣。

5. 不吝啬赞美

无论在什么场合，无论对于什么类型的人来说，被夸奖、被赞美都是一件让自己或欣慰或兴奋的事情。在演讲中，如果演讲者可以抓住适当的机会赞美听众，就很容易拉近与听众的心理距离。比如：就某个问题，演讲者与一个或多个听众有了互动，无论对方的看法对不对，演讲者都该赞美他们的勇气与独到的见解。这样一来，听众自然会在内心认可你，从而为你鼓掌。

试想一下，如果听众认为演讲者说的某个观点不对，就提出质疑，而演讲者不仅忽略听众的意见，还一意孤行，那演讲效果势必会大打折扣，甚至失败。

第**10**章

一语激起千层浪：企业家也是演说家！

如果你知道要去哪里，全世界都会为你让路，演讲的目标很重要。

——千海语录

俞敏洪：巧妙回应，衔接前面的演讲

在演讲中，有不少演讲者都是一副"我想说什么就说什么"的状态，丝毫不考虑演讲内容是否连贯。作为一名企业家，在进行公众演讲时一定要摒弃这种状态，做好演讲准备，让演讲内容完整，前后连贯，让读者听起来不至于如同丈二和尚摸不着头脑一样。

在北京工业大学耿丹学院举行的新生开学典礼上，主持人刚讲完了耿丹学院美好的校园环境和优良的师资队伍，俞敏洪便接过话说："同学们，刚刚主持人说了'耿耿丹心，为国为民'，我特别认可！我希望从'耿丹'这两个字来说一下，这两个字特别好，因为一说耿丹大家马上能联想到'耿耿丹心'，这是中国人为人处事最重要的一个价值观，对人、对事、对国家、对家庭、对父母都要有这种'耿耿丹心'的情义。耿丹其实是一个人名，尽管我没有对他的生平做过深入研究，但在他身上可以体现出几个重要的原则，如果同学们也能遵循的话，你也将成为一个英雄人物。今天，我演讲的主题是'经历风雨　共同努力'。"

在俞敏洪身上，我们能看到"巧妙回应"四个字，如果他延续主持人的话继续往下讲，难免有种人云亦云的感觉，无法展示出他作为一名企业家的魅力所在。

显然，俞敏洪深知演讲的忌讳之处，避免了"吃剩饭"之嫌，又引出了自己所要做的演讲的标题，可谓聪明至极。

以下为俞敏洪演讲实录，希望演讲者或企业家们可以学习到一些演讲技巧。

经历风雨　共同努力

——俞敏洪在北京工业大学耿丹学院 2013 级新生开学典礼上的讲话

亲爱的同学、家长、老师，大家上午好！

我想先讲一下我为什么要来当耿丹学院的理事长，我们先要从耿丹学院的历史说起。首先，我们要感谢北京工业大学，因为我们耿丹学院是北京工业大学附属的独立学院。北京工业大学是国家公立大学，耿丹学院是民办大学，这是一个民办大学和国家大学结合的良好典范。在我所知道的独立学院中，能跟国家大学结合得这么好的学校其实并不多，今天我们北京工业大学的前校长范伯元校长也坐在这里，我要向他表示真心的感谢。

其次，大家如果知道我的历史，那么也就知道我在几年前就有一些言论，这个言论就是我希望自己办一所大学，而且我一直在为这个目标而努力。这个时候，我了解到了耿丹学院，知道这是一所不以营利为目的的民办大学，我想与其自己投入几个亿再去造一个新校园，为什么不把这个钱拿过来把耿丹学院办成中国最优秀的私立大学呢？我非常愿意参加耿丹学院的建设工作，帮在座的所有老师学生一起把这个学校做好。

我在这里也向全体同学和家长表个态：第一，耿丹学院我们会持续不断地投入，这个投入不仅仅从学生的学费中来，也从我们个人的捐款中来，通过一年又一年的努力，把耿丹学院建设得越来越好！同学们在耿丹学院四年，耿丹就是你们的终身母校。我能够肯定的是，所有的同学在未来，一定会为这所学校和你在这所学校学习过四年而骄傲。接下来，极有可能的是还会在这里学习四年以上，因为我们现在已经在对研究生的资格进行申请。第二，请同学和家长们放心，你们交的每一分学费都会用在学校的建设和同学们身上，我们绝不会个人从这里拿走一分钱，我们只会往里不断投入，请相信我们办学的诚心和衷心。第三，我非常愿意参与耿丹学院的建设，尽管我不能把100%的时间投入在耿丹学院，毕竟背后还有一个巨大的新东方教育科技集团，我不能不去经营，因为我不去经营，新东方教育科技集团垮了，我就没有钱投到耿丹学院来了。现在我做新东方已经不是为了我个人，很大一部分是为了耿丹学院的发展，这两个机构在命运上已经息息相关了。

讲完这些以后，我就希望从"耿丹"这两个字来说一下，刚刚大家说了"耿耿丹心，为国为民"，我特别认可！"耿丹"这两个字特别好，因为一说耿丹大家马上能联想到"耿耿丹心"，这是中国人为人处事最重要的一个价值观，对人、对事、对国家、对家庭、对父母都要有这种耿耿丹心的情义。耿丹其实是一个人名，尽管我没有对他的生平做过深入研究，但在他身上可以体现出几个重要的原则，如果同学们也能遵循的话，你也将成为一个英雄人物。

耿丹是最早的中国共产党党员之一，也是北伐军中最优秀的将军之一，他在1927年牺牲了。1927年发生了一些事情，蒋介石清除北伐军中的共产党员，他就是在那个时候牺牲了。但是，我想告诉大家，耿丹不仅仅是一个军人，他还是一位学者，他在加入北伐军以前是伦敦政治经济学院的博士毕业生，而伦敦政治经济学院是在全世界排名前十位的优秀大学，所以大家要知道学习和革命是不矛盾的。

只有你学习好了以后，才有底气去做更加伟大的事情。在耿丹身上体现的第一个优点就是学习。我们在大学，学习就成为我们最重要的任务。我们可以从他的生平看出来人必须有梦想。大家都知道，共产党最初的梦想是解放全中国劳苦大众，让每一个人都过上幸福生活！现在共产党的任务完成了一半，我们很多人过上了非常幸福的生活。比如我们的生活状态和财富都比原来要好一点。当然，我们还有另外一些方面要继续努力，比如刚才大家唱"团结就是力量"中有一句"向着光明向着自由"。这种向着自由的努力，实际上就是人们的生活空间、思想空间和学习空间的不断扩展，这一点我们依然在努力。

耿丹身上体现的第二个优点就是人是要有梦想的。一个政党有它的梦想，一个人也必须有他的梦想，如果不是有着为了统一中国去努力这样的梦想，耿丹是不会加入到北伐军的，也不会加入共产党，所以有梦想你才能做成更大的事情。我希望在座的各位同学，在学习之余要想一下自己这辈子到底能干什么，到底想干什么，是为自己干，为家庭干，还是为了祖国干。我觉得这些都不矛盾。先为自己干，再为家庭干，再为祖国干。你可以一上来就像雷锋同志那样直接为人民服务。人活一辈子，非常重要的一点是，同样的生命、同样的时间，我们能创造出什么来！假定我们在座的同学平均能活到80岁，我们每个人都有80年的时间，现在过去了18年还有62年的时间，现在大家在耿丹学院站在同一个起点上，这62年你能活成什么样？这是由你自己来决定的，尤其是由你心中所建立起来的梦想决定的。我作为一个农民的儿子，之所以今天能够站在这里，能够做出一些事情来，是因为我心中一直被我的梦想和追求所推动。我从来不认为一个人的努力是白费的，否则我就不会从一个连续三年高考落榜的学生最后走进北大学习的殿堂。

同学们最近可能看过一部电影，叫《中国合伙人》，电影中那个主角成东青就是以我为原型的，而且故事基本 100% 是吻合的：一个农村孩子高考三年最后走进燕京大学就是北大，在北大的时候非常朴素，非常农民化，非常土，得了肺结核，留校当老师。最后因为到外面去代课被北大开除，出来做了个培训机构叫新梦想。和朋友一起合伙，跟美国人打官司，最后到美国去上市，成了一个世界级的上市公司。这个故事完整讲述了我和新东方的故事。当然，这里面有很多和实际不一样的地方，戏剧化的地方，比如电影中讲述了成东青在大学追女朋友，但其实在上大学时没有一个女孩看上过我，我倒是追了很多女孩但没有一个女孩答应我，没办法！第二个就是，电影中描述了我得肺结核是因为亲吻了女朋友，她有肺炎所以我得了肺结核。如果实际情况是这样的话，我愿意得一千次肺结核，这样就有一千次的机会去追女朋友。真实的情况是，人生奋斗和电影中所展示的一样，在任何时候遇到任何艰难困苦，你都不能放弃。因为在放弃后你就放弃了自己一辈子的精彩，因为人的精彩是自己争取过来的。

我小时候坐在长江边上就想，为什么长江能够流到天外去，我就不能走到天外去？小时候我的偶像是徐霞客，他的家就在我家乡，他比我早生了400 年，但他的灵魂一直在我的上空飞扬。也就是这样一心一意要走出农村的理想，才促使我不断高考，因为当时在农村，高考是唯一的出路。当时连农民工都没有，要是有农民工我就惨了，现在我应该是包工头了。所以有时候当人生只剩下唯一一条出路时，其实反而是一条好路，因为你必须沿这条路走下去，就能走出一片天地。所以我想告诉同学们，当选定一条路时你要努力下去。现在，你已经选择了耿丹学院，那么耿丹学院就是你大学奋斗的天地，也应该成为你一生的骄傲。北大处分我的时候，一定觉得我这个人是北大最不值得一提的人。从北大出来后，我下定决心这辈子必须要重回北大，必须要带着荣耀、带着成就、带着骄傲回到北大，现在我做到了。不过，我不是带着骄傲回到北大的，而是进入北大去资助贫困学生，帮他们完成学业，希望以后在他们中间能够多成长出几个成功人士，从农村来但在北大毕业干出优秀事业的人。我希望耿丹学院的同学毕业后，未来十年二十年，当我们想到你的名字时能够说出："你是耿丹学院的骄傲。"

耿丹所体现的第三个优点是，人要有行动！因为只有行动才能推动你人生事业的完成。大家稍微想象一下，如果共产党革命的时候只是喊喊口号而不付诸行动，就不可能有中国的今天。因此一次行动超过一万句的誓言！我们很多同学一激动都会说，我今天要读书，我今天要努力，但睡一觉起来就算了。同学们都会在每年的最后一天写"新年决心书"，英文叫作"New Year's Resolution"，表明自己下一年要摆脱过去的坏习惯，不断地创造自己新的成就。但每到年底对照自己之前写的新年决心书都会发现，我们列出来的十件事情可能连一件事情都没做完。光有决心有梦想是没有用的，人一定要有行动才能让自己的生命实实在在地前行。

所以，我觉得在耿丹身上体现了我们必须有的三种精神：第一种是学习精神，第二种是梦想精神，第三种是行动精神。我们学院有四句话叫作"学会学习，决心奋斗，追求先进，争取全面"。这也是对我刚才说的学习、梦想和行动的进一步阐释。

大学生活，还有几点要跟大家说一下。

第一，我希望大家进入大学以后，能够抛弃过去追求新生。我们进入大学后是一个全新的生命的开始。为什么呢？因为过去我们有几个状态，第一是我们在中学时永远只有标准答案，如果你不照标准答案去学习，你的成绩就会下降。我相信在座的同学有很多和我一样，都是中学阶段标准答案答得不是很好的人，因为如果你们标准答案答得很好的话，你们的高考分数就会更高！而我一直认为高考分数高的人，不一定就代表终身成功的人。北大高分的同学特别多，而很多人眼里就只有分数，没有世界。

我想告诉同学们，人一辈子最重要的不是标准答案而是独立思考能力，当你拥有了自己的思想，自己的判断力、是非分辨能力，拥有了自己的价值体系，并且这个价值体系是可以推动国家、民族、家庭、个人进步的价值体系，你才能真正成长起来。同学们，在大学的时候不能光听我们教授和老师来讲他们的标准答案，你要学会思辨，多问一句"这是真的吗？"或者"还有别的答案吗？"

学到一个历史事实之后，都要问一下"这是事实的真相吗？"我们应该学会探索、学会思考、学会辩论、学会讨论，不要相信专家也不要相信权威，因为他们的观点可能是僵化和错误的。我们要相信自己的判断力，但是我们要放宽心胸，放松大脑，让自己接受来自世界的最先进信息和对我们未来发展最有用的信息。请同学们从标准答案走向独立思考。

第二，请同学们从家庭依赖走向独立成长。耿丹学院是收学费的，而且学费收得比北大还高，我们同学能交学费来上学，家庭条件原则上不算太差，这就说明很多同学是在父母的呵护下长大的，但是今天你们离开了家庭。原来你们可能一个人住一个房间还带空调，现在要四个人到六个人住一个宿舍，这就是你成长的开始。

在宿舍的时候，我们可能会有很多烦恼，比如有人打呼噜，有人脚臭。我在宿舍的时候碰到过"五毒俱全"的人：打呼噜，脚臭，不洗衣服，让你感觉到在宿舍待着没法忍受。这时就看你的价值观是怎样体现的。前年的时候，在湖北某个大学有两个学生因为一双臭袜子出了两条人命，一个学生把臭袜子扔在地上，另一个学生说你袜子那么臭为什么不把袜子收起来，我们闻着都很难受。这个学生说关你屁事，另一个学生就把他的袜子扔到窗外，那个袜子臭的学生从床上一跃而起，刚好桌子上放着一把水果刀，他拿着水果刀一刀正好捅在另一个同学的心脏上，一分钟之内一个丧命，另一个被判20 年，两条年轻的生命本来可以在大学度过美好的时光，成为终身朋友，最后却是这样的结果。

我在大学的时候，也遇到了这样的情况，但是我们就处理得很好，我每天晚上把同学的臭袜子拎到门外面去，然后早上第一个起来再把臭袜子拎到宿舍来。后来，我们发现他打呼噜的毛病没法根治，有一次，我突发奇想把他的臭袜子塞到他的枕头里面，发现他再也不打呼噜了。这就是大学的美好生活，同学之间的点点滴滴最后都能成为美好的回忆。

在大学，我们可以用很多办法来和同学搞好关系，因为人终身的朋友基本上都来自于大学同学，在大学相对来说还不那么功利的情况下，你是能找到真正的朋友的。一般来说，在大学交上八到十个真正的朋友，并且要跟全班同学搞好关系。这就是你从家庭依赖关系转变成了同学关系，未来你的生命再也不是依靠你的父母而是依靠你的朋友，依靠你自己的成长。

第三，同学们要抛弃外在，关注内心。也就是说，我们要从关心外在，转向关心自己的内心和成长。我们到了大学以后，很多同学都会开始特别关注自己的外表，为什么呢？因为到了谈恋爱的年龄，男孩子希望自己显得更英俊，女孩子希望自己显得更娇美，这都没有问题。我们也会关心自己的成绩，也会关心同学们的家庭背景。有时候，我们会发现同学拎着名牌包而你拎着破书包，同学穿着名牌衣服而你穿着普通衣服。但是这些外在的东西到了大学，要学会慢慢淡化和忘记，当一个人真正成熟的时候，就再也没有外表、没有身份上的区别，再也没有大学、没有贫富的区别，你就是你！你在独立成长。因为一辈子跟人比，永远比不出出息来。你周围的人最多就比你高一点点或者低一点点。一个人永远要跟自己比，你每天跟自己比，发现自己每天都在进步，你将会走出连自己都惊讶的道路来，你会走到自己都会惊讶的地方去。

我在大二时跟别人比，比成绩总是比不过别人，最后得了肺结核，病好了以后我就充分领悟了：和别人比只有死路一条。所以病假结束回到学校，大三大四的时候做的唯一一件事情就是每天跟自己比。我们可能走得快一点，可能走得慢一点。这个世界上一定有人比你更聪明，更努力，他们会走得很远，很远。你永远赶不上爱因斯坦，你可能也永远赶不上比尔·盖茨，但是一定会有很多人比你走得更慢，比你更加笨。所以只要你坚持走下去，一定会走到人群的20%中间，再坚持走下去，你就能走到人群的5%。

20%和5%是什么概念呢？我们知道20%的人创造了世界上80%的财富和成就，5%的人又创造了80%中绝大部分的财富和成就。所以当我们坚持努力，我们就会有点点滴滴的进步。我一直在坚持努力，不知不觉用了20多年的时间走出了今天新东方的道路和我自己的人生道路。

所以，希望同学们不要只关心外表，外表这个东西是没用的，大家都知道阿里巴巴的马云长得并不好看，大家都觉得他像外星人对不对，但是你有没有发现马云创造的成就已经是千亿美金的级别。30岁以后你们还关心自己的外表吗？30岁以后没有一个女生可以说"老娘还挺妖娆"的，也没有一个男生可以说"老子还挺英俊的"，如果男生觉得自己30岁以后还很英俊那就是有病了。邓小平没有说我很英俊吧？马云没有说我很英俊吧？30岁以后你就应该以你的智慧，以你的能力，以你的才华，以你的专业，以你的气度，来赢得自己的成功和尊严。所以从现在开始，你就要对这些东西进行追求，你应该追求能力而不是追求外表。我再重复一遍以上的三个要点：抛弃标准答案走向独立思考；抛弃家庭依赖走向独立成长；抛弃对外表的关注走向内心的成熟。这些是非常重要的。

最后要和同学们说一下，进大学是干什么的，进大学最重要的是读书。我不知道同学们在中学有没有养成读书的好习惯，我这里说的读书不仅仅是指你学习专业知识。我在北大的时候，专业知识学得并不好，我毕业的时候成绩刚好达到毕业水准，所以我实际上不是一个传统意义上的好学生。我说的读书不是你专业课门门要拿 100 分。我说读书是要读天下之书，读各种各样能够开启你的智慧、启发你的理想、点燃你的激情的书。

我能做到今天这样，并不是因为我的英语水平有多高，也不是因为我在北大的学习成绩特别好，而是因为我在北大的五年本科生活里，读了将近 800 本书。从北大毕业到今天，我大概又读了两三千本书。现在我还是以每年 60 本左右的速度在读书。我给大家提一个简单的要求，除了黄色小说要少读以外，其他的各种社会、历史、哲学、政治、经济、科学的书都应该读。要求不多，一年读 100 本，平均每三天一本，有的书翻翻就完了，有的书要精读。我昨天和耿丹学院的领导说，我要做的第一个事情就是拿出 50 万块钱给学校购入两万本书，这两万本书都是我自己认为大学生应该读的书，买了以后让学校放在图书馆，我希望你们能认真去读我推荐的书籍，因为我相信我读过的书对我的生命成长有意义，对你们也一定有意义。

第一，读万卷书。有一句话叫"读万卷书，行万里路，阅人无数，名师指路"。这四条我觉得每一条在大学期间都应该做到，读书已经说过了，我们会营造读书氛围，组织读书会，举行读书比赛，读书优秀者和读书笔记优秀者都会获得奖金，比如说到中国各地去实习、去旅游，甚至获得到世界各地去旅游的机会。

第二，行万里路，这方面我觉得同学们应该多做一些，大学一二年级的时候不用去工作，不用到工厂实习、到公司实习，大学的一二年级做什么实习呢？做社会活动实习，比如说寒暑假的时候做留守儿童的调研，西藏地区老百姓生活状况的调研，新疆地区的治安调研，等等，去做这些事情，让你的眼界开阔起来。凡是调研小组的人，我都会让耿丹学院相关部门提供一定的调研经费，但是我要获得你的调研报告。这样就能够感觉到你们是在进步和成长，所以这叫行万里路。到了大三、大四的时候，我们再考虑到一些大的企业、大的机构、大的公司去实习。在这点上，我有优势，因为我是中国企业家俱乐部的执行理事，北京大学企业家俱乐部的理事长，中关村企业家协会的副会长，所以你们要去的企业在我手中有很多资源。

第三，阅人无数。我刚才说过的跟大学同学交朋友，到社会上去就是认识各种各样的人，通过阅人你知道什么样的人可以成为你的朋友，什么样的人可以和你一起在未来共创事业，对社会上的人有分辨能力以后，你去社会上工作也好，自己创业也好，都能使你获得成功。因为你做事业的成功，就是你对于人的分辨能力的成功，这里我再次提到晓文大姐，她对于人和人才的分辨能力是充满了智慧的，我也认为我能做成新东方，是因为我有认人和识人的能力，就是阅人的能力。你只是傻傻地变成一个书呆子是不行的。

第四，名师指路，我们大学的老师教授上课，尤其是对你有启发作用的老师教授的课要多选，因为大学老师也分各种类型的，有的老师是书呆子型的，只会照着书本念，这样的大学老师和教授通常价值不大。但是有的老师，能够对你进行思想启迪、方法教育，这样的老师大家一定要予以关注。我们也会在耿丹学院安排外面名师的演讲，所以你们将能聆听到中国乃至世界优秀企业家的演讲，优秀的教授和思想家的演讲已经进入我的工作日程，并且已经交代我们学院学生工作负责人来做这个事情。

但是，不管读万卷书，行万里路，阅人无数还是名师指路，都不能解决你本质的问题，最后有一句话请同学们记住，所有上面这些事情都只有在一件事情已经完成的基础上才能完成，就是你的个人领悟。你必须自己开悟，你必须自己明白，你必须自己通透，你才能够把所有学到的东西用在你的人生道路上。你的独立思考能力，你的领悟能力、判断能力，就成为你在大学所应该有的最重要的能力。

我们过去是孩子，今天是成人；我们过去是依赖，今天是独立；我们过去可以浑浑噩噩，但从今天开始，你个人的命运、你家庭的命运以及祖国的命运，可能都放在了你的肩上。我希望同学们能够经历风雨，共同努力，把这个重任承担起来！

再次感谢同学们，谢谢大家！

乔布斯：讲自己的故事，抓住听众的耳朵

在演讲中，演讲者要想吸引听众的注意力，且让自己更富有真情实感，那不妨试试讲讲自己的故事。对于一名企业家来说，没有什么比亲身经历更具有说服力了。

演讲者的亲身经历越是坎坷，越是曲折，讲起来就越是振奋人心。听众们会在内心想：他是如何从一个穷小子成为亿万富翁的？他是如何从一个内

向的人成为一个敢于站在万千人面前演讲的勇士的？

在生活中，每个人都喜欢听故事，因为可以在其中找到能让自己对号入座的影子，能为自己的迷茫找到一个宣泄的出口，甚至能使自己的人生态度有所改变。当然，讲自己的故事也需要学习一些技巧，如：避免平淡无奇的叙述；避免一个人自说自话。

演讲故事，不仅是生活化的语言，还具有浓厚的神秘色彩。它虽然没有公文的程式化，没有诗歌式的跳跃和剪辑，但又要求演讲者讲述得有条理，通俗易懂。

此外，故事还需要具有连贯性和完整性。在演讲中，与其干瘪枯燥地高谈阔论，不如用精短简洁、生动感人的故事吸引听众，启发大家思考。接下来，我们可以看看苹果创始人乔布斯的演讲，看他是如何讲述自己的故事的。

以下为乔布斯演讲摘录：

我在 Reed 大学读了 6 个月之后就退学了，但是在 18 个月以后，我真正做出退学决定之前，我还经常去学校。我为什么要退学呢？

故事要从我出生的时候讲起。我的亲生母亲是一位年轻的、没有结婚的大学毕业生。她决定让别人收养我，她十分希望我被大学毕业生收养。所以，在我出生的时候，她已经做好了一切的准备工作。

我的养父母突然在半夜接到了一个电话："我们现在这儿有一个不小心生出来的男婴，你们想要他吗？"他们回答道："当然！"但是我亲生母亲随后发现，我的养母从来没有上过大学，我的养父甚至从没有读过高中，她拒绝签这个收养合同。只是在几个月以后，我的养父母答应她一定要让我上大学，那个时候她才勉强同意。

在 17 岁那年，我真的上了大学。但是我很愚蠢地选择了一个几乎和你们斯坦福大学一样贵的学校，我的养父母还处于蓝领阶层，他们几乎把所有的积蓄都花在了我的学费上面。在 6 个月后，我已经看不到其中的价值所在。我不知道我真正想要做什么，我也不知道大学能怎样帮助我找到答案。但是在这里，我几乎花光了我父母这一辈子的全部积蓄。所以我决定要退学，我觉得这是个正确的决定。

在我做出退学决定的那一刻，我终于可以不必去读那些令我提不起丝毫兴趣的课程了，然后我可以开始去修那些看起来有点意思的课程。

但是这并不是那么浪漫。我失去了我的宿舍，我只能在朋友房间的地板上睡觉，我去捡可以换 5 美分的可乐罐，仅仅为了填饱肚子，在星期天的晚上，我需要走 7 英里（1 英里＝1.6093 千米）的路程，穿过这个城市到 Hare Krishna 神庙（注：位于纽约 Brooklyn 下城），只是为了能吃上好饭——一个星期里唯一一顿好一点的饭，我喜欢那里的饭菜。

我跟着我的直觉和好奇心走，遇到的很多东西，此后被证明是无价之宝。让我给你们举一个例子吧：

Reed 大学在那时提供也许是全美最好的美术字课程。在这个大学里面的每张海报上，每个抽屉的标签上面全都是漂亮的美术字。因为我退学了，不必去上正规的课程，所以我决定去参加这个课程，去学学怎样写出漂亮的美术字。我学到了 san serif 和 serif 字体，我学会了怎么样在不同的字母组合之中改变空白间距，怎么样才能作出最棒的印刷式样。那种美好、历史感和艺术精妙，是科学永远不能捕捉到的，我发现那实在是太迷人了。

当时看起来，这些东西在我的生命中，好像都没有什么实际应用的可能。但是十年之后，当我们在设计第一台 Macintosh 电脑的时候，就不是那样了。我把当时我学的那些东西全都设计进了 Mac。那是第一台使用了漂亮印刷字体的电脑。如果我当时没有退学，就不会有机会去参加这个我感兴趣的美术字课程，Mac 就不会有这么丰富的字体，以及赏心悦目的字体间距。因为 Windows 只是照抄了 Mac，所以个人电脑才能有这么美妙的字形。

当然，我在大学的时候，还不可能把从前的点点滴滴串联起来，但是当我十年后回顾这一切的时候，真的豁然开朗了。

再次说明的是，你在向前展望的时候，不可能将这些片断串联起来；你只能在回顾的时候，将点点滴滴串联起来。所以，你必须相信这些片断会在未来的某一天串连起来。你必须要相信某些东西：你的勇气、目的、生命、因缘……这个过程从来没有令我失望，只是让我的生命更加地与众不同。

……

俞敏洪：拿自己开涮，用幽默拉近彼此的距离

英国思想家培根曾说过：善谈者必善幽默。在生活中，幽默的最大魅力在于"话不直说"，但却能让人心领神会。在演讲中，幽默一直被人们称为"聪明人才能驾驭的语言艺术"，它能带给听众一个宽松的、和谐的现场气氛，能让演讲者的形象更为丰满，更具有人情味。

在演讲中，如果演讲者能适当"自嘲"，拿自己"开涮"，一定会收获妙趣横生、意味深长的演讲效果。

在众多企业家中，新东方校长俞敏洪的演讲就非常有趣，他总是拿自己开涮，深受广大听众的喜欢。

有一次，俞敏洪到一所大学演讲，他一开口就说："我知道今天是星期

天，同学们应该到外面去放松的，却要留在这里听我的讲座，有点儿不好意思。我也知道这里有很多同学目的不纯，不是来听我的讲座的，是来看我长什么样的，我就站在这儿，你可以随便看。刚才我进来的时候，有同学跟我说：'这是活的俞敏洪。'我说：'我从来没有死过啊。'我一直都活着，而且活得很好，尽管活得很艰苦，但是也活得很幸福。"

简短的开场白，不仅给学生们带来了笑声，也为自己的演讲内容开了一个好头。他的言语幽默，虽然是调侃自己，但一点儿也不俗气，还能看出他的睿智。而他的这种开场，立马拉近了与学生们之间的距离，会让学生们觉得，台上演讲的人不是名人，而是一位性格开朗、语言幽默的大哥哥。

有的企业家会认为，自己好不容易得来了事业高度和地位，现在要放低姿态调侃自己，这是多么丢脸的一件事啊。当你有这种想法的时候，说明你还不适合公众演讲。公众演讲是什么？就是站在众人面前，让别人认同你的观点。你不"放低姿态"，只是自说自话，那听众自然不会给你面子。要想公众演讲，要想在公众演讲中获得掌声和影响力，不仅要懂得语言技巧，还要调整心态。

就像俞敏洪一样，他的演讲不算是演讲，只是与听众进行了一次对话，对听众讲了一个故事。

以下为俞敏洪演讲实录，企业家或演讲者可以参考。

不要看轻自己

——俞敏洪 2010 年 5 月在中国传媒大学南广学院的演讲

南广学院的同学们，大家下午好！非常开心应蒲树林董事长的邀请来到这里。我知道今天是星期天，同学们应该到外面去放松的，却要留在这里听我的讲座，有点儿不好意思。我也知道这里有很多同学目的不纯，不是来听我讲座的，是来看我长什么样的，我就站在这儿，你可以随便看。

刚才我进来的时候，有同学跟我说："这是活的俞敏洪。"我说："我从来没有死过啊。"我一直都活着，而且活得很好，尽管活得很艰苦，但是也活得很幸福。

我从同学们的眼光中，看到你们对自己未来的期待，看出你们对自己未来的希望，看出你们对自己未来的事业、成就和幸福的追求。希望同学们有这样一个信心，这个信心就像我讲座的标题所说的那样，永远不要用你的现状来判断你的未来。

人一辈子可能会犯两个错误：第一个错误就是你会断定自己没什么出息，你会说我家庭出身不好，父母都是农民，或者说我上的大学不好，不如北京大学、哈佛大学，或者说我长得太难看了，以至于根本就没人看得上我，等等，由此来断定自己这辈子基本上没有什么出息。我在北大的时候，基本上就是这么断定自己的，断定到最后，差点儿把自己给弄死。因为断定自己没出息，就变得非常郁闷，最后得了一场肺结核。

第二个错误是什么呢？同学们，我们常常会判断别人失误，比如说你看到周围某个人，好像显得挺木讷的，这个人成绩也不怎么样，也没人喜欢，你就断定说，这个家伙这辈子没什么出息。所以，我们这辈子最容易犯的两个错误是：一个是觉得自己这辈子可能不会有大的作为；另一个是料定别人不会有作为。

面向未来，通常会有两种人：一种人是自己想要有所作为，并且坚定不移地相信自己的未来会有所作为；还有一种是从心底里不相信自己会有所作为的人。同学们想一想，未来成功的会是哪一种人？一定是前面的那种人。为什么？原因很简单，因为人是这样的动物，就是心有多大，你就能走多远。如果你想走出这个礼堂，只要 1 分钟的时间；你想走出南广学院的校园，也只要半个小时不到的时间；你想走出南京，也就是 2 个小时的时间。但是，你要是想走遍世界的话，你的心必须要向世界走。我为什么今天还能站在这儿和大家讲话呢？就是因为我从小就有一种感觉，这个感觉就是越过地平线，走向远方的一种渴望，我希望自己能够不断地穿越。

就像中国著名的企业家、万科集团的王石一样，他想要不断爬到世界最高峰，爬了一次，还想爬第二次。他知道，每一次征服都给自己带来一个新的高度，就是这种感觉。我知道在座的同学们没有一个会没有梦想，没有一个会没有渴望，没有一个会说我这辈子就去种地算了，没有人会这么说。人总希望自己成为伟大的艺术家，总希望自己成为伟大的事业家，或者伟大的企业家，等等。但是，为什么有的人做到了，有的人没做到？就是因为做到的人，他一定从心底里相信，自己这辈子一定能做成事情。尽管我在北大的时候比较自卑，但是在这个自卑的背后，我还是相信，既然自己能从一个农民的儿子奋斗成北大的学生，我就能够从北大奋斗到更高的一个台阶，我从心底里相信自己能做到，所以我就做到了。

当然，这个相信不是盲目的自信，不是狂妄，不是说别人都觉得你不是人，你自己还觉得自己挺是人的那种样子，而是一种理性的自信，在自信背后是持续不断的努力。我刚才说的第二种错误你最好不要犯，犯第二个错误你会更加危险。为什么？你会失去一个可能未来会跟你合作的事业伙伴。比如说，你看到周围的同学，可能觉得班内最后几名基本上未来不会有出息，但是事实证明恰恰相反。

北大曾经对全班前 5 名的同学和全班最后 5 名的同学，在毕业 20 年后做过一个调查，调查的结果是全班最后 5 名的成就不次于前 5 名的同学。全班前 5 名的同学的成就一般是教授或者是科学家，当然这个成就不能算不大，但是许多企业家、社会活动家，甚至政治家，都是出自班级里名次不怎么样的同学中。所以，你千万不要看轻你班级里的同学，尤其是学习成绩比较差的那些同学，我们班的同学当初在北大就千篇一律地在我身上犯了这个错误。

我在北大的时候，成绩一直都不是很好，又是农村出身，当初长相比今天差远了。同学们，越长越有魅力的男人，一定是越来越有出息的。所以，我年轻的时候，作为一个农村的孩子，很土的那个样子，大家都应该能够想象得到。尤其我们班的女同学，基本没有正眼瞧我的。我进北大的时候，我们年级有 25 个男生、25 个女生，我听完这个数字，还挺开心。为什么呢？24 对配完了，剩下那个是我的，总而言之有我一份啊。但是没想到，女同学追男朋友的时候，都去追那些外表英俊潇洒、风流倜傥的男生去了，有时候一个人被好几个人追。像我这样外表朴素、平凡，未来有巨大发展潜力的，是没有一个女生看上的。

我们可以预料很多事情的发生。比如说，我们可以预料一棵小杨树过了 10 年以后会长成一个大杨树，我们可以预料一棵小松树 100 年以后会是一棵大松树，我们在路上看到一条小狗在那里走，可以预料 10 年以后会变成什么？变成一条老狗。但是你绝对不可能会预料说，那小狗 10 年以后会变成一只老虎，或者说这棵杨树 10 年以后会变成一棵松树。我们也能预料自己会从 20 岁走到 30 岁，走到 50 岁，走到 80 岁。现在的电脑已经精确到如此程度，以至于只要把你的头像输入电脑，就能够计算出你 90 岁的容貌。我曾经看到过我 90 岁的容貌，一个惨不忍睹的，连我自己都不认得的老头，但是有着充满智慧的皱纹，当然要活到那个时候才能算。但是，不管电脑多么厉害，不管是电脑还是人，有一件事情是永远预测不到的，就是人除了会长大、变老以外，还是能够成长的动物。同学们知道什么叫成长吗？成长就是你智慧的成长、能力的成长、胸怀的成长，以及成就的成长，没有任何一个人可以预料你这辈子到底能干什么，包括你自己也不可预料。

我生活中出现的一系列事情，都不在我的预料范围之内。我相信我们的蒲树林董事长，现在拥有这么一片美好的大学校园，也不在他自己的预料之内。我特别敬仰蒲树林董事长，他长得比我要好看一点儿，但我并不妒忌他的长相。但是，我今天走进这个校园以后，就无比地妒忌他。5 年前的一片泥浆土地，他怎么能造出这么美丽的一个校园来？我梦想了 20 年，想要造一个大学校园，到现在还没造出来。所以大家可以看到，人生不可预料。你永远不要去预料自己这辈子到底能做什么，只要你成长，只要你勇敢地往前走，你就一定能做出你自己想象不到的事情来。

人生是一辈子奋斗的过程。人生像一年四季开放的花朵，有的花在春天开，有的花到了夏天才开，有的花要到了秋天才开，有的花要到了冬天才开。春天有樱花，夏天可能会开荷花，到了秋天以后会开菊花，到了冬天，像南京就有著名的腊梅花。开放人生也是一样的，有的人在青春时期洋溢出了光彩，有的人到了中年时候才闪闪发光，有的人要到了老年以后，才像定时炸弹一样爆炸出来。当然也有这样的人，青年、中年、老年都很厉害，比如著名的杨振宁教授，在青年的时候就在美国名牌大学读书，到了中年的时候就获得了诺贝尔奖，到了 82 岁的时候又结婚，这样的人生让人无比地羡慕。我本来到了 40 岁就觉得生命已经是不惑之年，从此以后就这样慢慢地过吧，但是听说了杨振宁教授结婚的消息，当天晚上我就开始修改自己的人生计划，一直修改到了83岁。

同学们，人生奋斗是一辈子的事情。比如说，齐白石先生50岁的时候还在做木工，他绝对不是一个出色的木工，据说他打的椅子只要往上一坐就散架了。但是他在家具上面画的画却是如此美丽，以至于家家户户请他到自己的家具上去画画。有人就跟他建议说干脆去画画吧。结果一直画到了70岁以后，他的画才开始有名，他真正最值钱的画都是在80~90岁画出来的。同学们，你们现在就谈论自己有没有成就还太早了。人生不是百米赛跑，如果是百米赛跑，你比我早跑一两秒钟，我可能就追不上你了，因为总共就100米。人生是看不到头的马拉松，你一走就是100年的路程。现在我们只要注意身体健康，心情愉快，平时注意养成良好的习惯，基本上活到100岁是不成问题的。毛泽东曾经说过"自信人生二百年，会当击水三千里"，我们不要活200年，我们也不要击水三千里，我们活100年，干出自己的事业来总可以吧。那100年的过程拼的是什么呢？同学们，拼的是耐力，拼的是专注，拼的是持久，拼的就是这些东西。也就是说，你现在跟别的同学有多少落差，完全是微不足道的事情。我有一句话是这么说的，人生的起点由不得你选择。原因很简单，因为你出生在什么家庭由不得你选择。不过为什么人有两条腿，同学们想过没有？是为了让你跑，为什么人的腿比许多动物的腿都长，是为了让你跑得更快，只要你坚持跑下去，你就会跑出你自己意想不到的距离。所以，大家记住，我们要做的是从现在开始，从我们这个点上开始跑。

有的同学说："俞老师，我这个学校挺一般的，你看我未来还能有所成就吗？"

我刚才已经说过了，连上不上学都不制约你的未来，别说你上什么学校了。你看在中国企业家中间，娃哈哈集团的宗庆后、吉利汽车集团的李书福，都没上过大学，宗庆后不照样弄出了中国最大的饮料公司，李书福不照样弄出了中国最大的汽车集团之一，吉利汽车现在又把沃尔沃汽车给收购了，你说他怎么会有这样的成就呢？靠的是自己的专注、靠自己的努力、靠自己的喜欢、靠自己的热爱。

所以，我们对自己所学的东西、所从事的职业的喜欢、热爱和专注，比你的学位、比你上大学要重要不知多少倍。因为喜欢就能不知不觉把你带向很远的境界，我跟李书福一起站在马路边上看汽车，他看汽车，能精确地看出这辆车大概是什么时候造的，什么牌子，什么厂出产的，是国产的还是国外的，发动机是哪个工厂造的……他要不成功才怪了呢。所以，同学们明白喜欢会带来什么样的结果了吧？那为什么我说大家一辈子要专注呢？大家稍微想一下袁隆平就知道了。袁隆平是世界著名的杂交高产水稻专家，如果他这辈子又搞水稻，又搞小麦，又搞土豆，那他不可能为世界做出那么巨大的贡献。通过几十年的努力培育出一种杂交水稻，把亩产量从800斤提高到了1600斤，多养活了多少人啊。他几十年来就在田地上走，除了看水稻，看不上别的东西，这就是专注所带来的结果。

所以，不要在乎你的学位有多高。当然，在现在这个社会，拿到好的学位还是需要的。比如说像南广学院，现在教学质量也不错，我们未来毕业之后，都是本科毕业生。中国的本科毕业生能够拿到证书就可以走遍全世界，有这个就够了。至于说你的这个证是北大的还是南京大学的，还是别的学校的，已经不重要了。为什么？因为大学只奠定了你4年在学校里面学习的基础，它奠定了你事业一部分的基础，它并不是你事业的全部基础。我是北大毕业的，但是马云是杭州师范学院毕业的，杭州师范学院基本上是一个名不见经传的学校。我跟马云有很多相似的经历：我高考考了3年，第3年考上了，马云也是高考考了3年，第3年考上了；我考的是英语专业，他考的也是英语专业；我去了北大，他去了杭州师范学院。但是过了20多年后，新东方上市了，阿里巴巴也上市了，阿里巴巴上市以后的市值是新东方的5倍，意味着马云比我要成功5倍。努力为自己争取公平的机会，我们自己成长的道路是我们自己来选的，跟你的大学没什么关系。

有同学说，我身边没有资源，我的同学都是什么部长的儿子，隔壁的是市委书记的女儿，他们俩还隔着我眉来眼去，就是没我什么事。还有同学说，这个世界、这个社会真不公平，别人有的东西我都没有，你看他身上穿的名牌服装，我就没有，他用的是苹果电脑，我就没有，他用的是iPhone，我连手机都买不起。

这都不是你能抱怨的，为什么？因为这个社会本来就没有公平过，从有人类历史以来，只要有剩余的物品，就从来没有公平过。即使在原始社会，剩余的物品都给那个最厉害的老猴子了。这个世界上资源是流动的，不是静止的。

什么叫资源流动？比如说我是一个农民的儿子，我的父母都不认字，我身无分文，我进了北大，我认字了，文化资源流动到了我身上。进了北大以后，我也有这样的感觉，我的同学有的是部长的孩子、教授的孩子，他们什么都有。每个星期五，部长的孩子都是让奔驰280加长车接回去，星期日晚上，奔驰280再把这个孩子给送回来，我们往那个汽车旁边一站，油光闪亮，都能照出我们的影子来，可是我们连个自行车的轮子都买不起。

你不努力永远不会有人对你公平，只有你努力了，有了资源，有了话语权以后，你才可能为自己争取公平的机会。就像我刚才所说的，资源是流动的。蒲树林董事长和我都是农民的儿子，我们都没资源，现在我们能造大学校园，我们能做上市公司，我们能够对这么多同学产生影响，那是怎么来的？就是通过努力，把不公平的资源进行分配，往你那边倾斜。资源到了你口袋里面还要做什么？资源再分配。就像国家收了税以后要进行再分配，支持贫困地区的建设和老百姓的生活。如果我们交的税都到了贪官的口袋里，这叫资源不公平分配；如果通过财政收入最后再把它转移，支付分配到了贫困老百姓手上，比如说孩子们可以免费从一年级读到初中毕业，这就叫资源公平性分配。

……

萨默·雷石东：提个问题，与观众互动

在第 7 章中，我提到了与观众互动交流的重要性以及如何与听众互动。这一节中，我们来讲讲全球最大传媒娱乐公司总裁萨默·雷石东是如何与观众互动的。

在演讲中，萨默·雷石东会对听众这么说："现在如果你们有什么问题，我将非常乐意回答你们的提问。"他将主动权抛给听众的方式，很容易激发起听众的热情和好奇心，且不会担心冷场。

以下为萨默·雷石东与清华大学学生的对话。

问：谢谢萨默·雷石东先生，我有两个问题：第一，您说实现了三个重大的目标，就是维亚康姆、派拉蒙和 CBS，但是我想问一下，下一个目标是什么？第二，您差不多已经 80 岁的高龄了，您对您的继任者有什么看法？您觉得什么样的继任者是最合适的？

答：你能不能一次只问一个问题呢？我已经 80 岁了，记性很差了。

问：我的问题是您对接班人有什么样的要求？

答：我不知道你怎么知道我已经 80 岁了，我和你们一样年轻嘛。我想，讲到接班人的问题，这么说吧，维亚康姆公司是不乏接班人的，我们有最好的管理队伍，他们是很有能力的，他们是非常忠心耿耿的，他们是很稳定的，所以我们不必到外面去找接班人，我们内部会出一个接班人。但是什么时候想接我的班呢？还早着呢，因为我还不想下台。

接班人，我讲的是三个 C，要有能力，要有承诺，还要有个性，没有个性我根本不感兴趣，不管你是不是有能力或者承诺，如果没有个性的话，谁也不能在维亚康姆工作，希望你对我这个回答满意。

问：维亚康姆公司是最大的传媒公司？

答：我同意你的看法，是最好的公司之一。

问：我是清华大学新闻学院的学生，我对你们的公司感兴趣，如果我想在您的公司找工作的话，需要什么样的资格？

答：我们应该在外面弄一个招工台，维亚康姆公司对年轻的学生非常感兴趣，我们在世界上有广阔的领域，作为传媒市场，不是只考虑美国的市场，而是考虑全球的市场，你要做的事情就是给我们写一封信，寄一份简历，没准你就会为维亚康姆工作了。

问：萨默·雷石东先生，作为全球传媒的领军人物，您有很独特的思考方式，有些人批评说，这种全球的传媒公司在宣传美国的价值，宣传美国的文化，您在宣传美国的价值和文化方面是怎么看的？

答：我非常高兴你提这样的问题，作为维亚康姆公司，在某些时候，我们的社会责任比利润更重要。你们要在自己的职业生涯中注意一个问题，我们是要挣钱，但是有时候必须把经济上的一些愿望放在一边，因为你要想想自己肩上的社会责任，必须想到这一点才能取得成功。维亚康姆公司为很多消费者提供节目，在 MTV 我们做了很多工作，都是针对年轻人的，像你们在座的这样的人。你们和你们的祖母、父亲有不同的价值观，他们可能不同意我们做的节目，但是我们做这个节目是很认真的，我们知道，维亚康姆有这种能力，触及全球人的心灵和他们的头脑，这是非常重要的事情，你们要相信我们的话，这也是我们为什么愿意在维亚康姆工作的原因，因为人们关心的，不仅仅是挣钱的问题，还有社会责任的问题。

问：下午好，雷石东先生，我的问题是，如果一个年轻的男人想成功的话，想像您一样永葆青春，您能给他提什么样的建议，让他的梦想成真呢？您觉得他必须具备什么样的能力才能成为成功的男人？

答：我好像没有明白你问的全部的问题，你好像问我，如果有人想成功的话，我可以提什么样的建议。

我总是相信一点，所有的事情都是可能的，必须有这种态度才行，也就是说什么事情都可以，只要你努力。你们总是这样认为，在你的人生当中，不管从哪里开始，不管能力多么微薄，什么事情都是可能的，如果你有智慧的话，如果你有个性的话，如果你有毅力的话，你是可以成功的。

在对话中，萨默·雷石东充分展现出了自己的睿智，如果遇到不想回答或难以回答的问题时，萨默·雷石东会称自己年纪大了，记性不好；在遇到一些有价值的问题时，他会先肯定对方的说法，再说明自己的想法。

从他的身上，企业家或演讲者应该明白：将主动权交给听众，让其进行提问，不仅能够与听众进行良性互动，还能启迪听众思索，满足他们的求知欲望。当然，即便是在与听众互动交流的时候，也要明白自己才是那个掌控演讲全场的人。

附录 总裁演讲实录：学商界精英描绘商业蓝图，听商界精英讲事业点滴

李彦宏：在北大毕业典礼上的演讲

尊敬的闵书记、许校长，各位老师，各位家长，亲爱的学弟学妹们：

大家上午好！

今天，站在各位同学毕业典礼的讲台上，我最大的感受就是非常荣幸，在各位生命中最值得纪念的时刻与你们在一起，让我百感交集。我仿佛回到了17年前，坐在你们中间，对这个再熟悉不过的校园感到万分留恋，也对即将展开的新生活有期待、有迷茫甚至有所畏惧。

说实话，我今天除了荣幸之外，还有一些紧张。因为我知道，在座的不仅有我十分尊敬的师长，更多的是未来中国最有影响力的一群人。你们中一定会有中国未来最杰出的科学家，最成功的企业家，最优秀的政治家、外交家。如果我这个曾经住在43号楼522的北大男生今天和大家交流的内容，能够对各位即将铺展开的未来有些帮助的话，那我也会觉得，这是经历了2005

年百度在纳斯达克的辉煌上市后，我所经历的又一个光荣时刻。

回忆十多年前，我走入社会的感觉，那是让视野顿时豁然开朗的一步，走出校园后看到的是一个充满机会、日新月异的新天地。大家今天所面对的中国与世界，与10年前我所见到的华尔街和硅谷，当然会有很大的不同。但以我在美国8年，回到中国8年多的经历，我更感受到今天，社会、经济、文化、生活各个方面都充满了活力，你们面对的是更广阔的天地，一定将大有作为。

今天我想给大家分享一些我的经历和对生活的感悟。

第一，是关于选择的故事。

进北大前，我就非常喜欢计算机，我相信未来的计算机肯定会被广泛应用，而单纯地学计算机恐怕不如把计算机和某项应用结合起来有前途，于是我选择了北大的信息管理系，而不是计算机系。

我有个姐姐先我5年考上了北大，她告诉我北大的学生出国都很容易，她告诉我外面的世界很精彩。上了北大之后，我却发现我的情报学专业出国并不容易，而那时候最先进的计算机技术在美国。我被迫开始思考自己的下一步，并通过不断参与各种活动来拓展自己的视野。我去上了不少计算机系的课，翻阅了美国很多有关情报学的论文，希望能够在国际学术期刊上找到自己的机会。我作为那时唯一的理科生参加了学校的五四辩论赛，听了各种各样的讲座：气功、哲学、电影。我参加了合唱团，还在国庆的时候到天安门广场跳集体舞。我尽情地享受着北大带给我的各种机会，我接触到了各种各样的人，每个人都有他们自己的思路，每个人都不一样，每个人都很精彩。这让我逐渐形成了不轻信、不跟风的思维方式。对于我未来人生道路的选择，北大4年让我具备了独立思考的能力。

我在美国读计算机的时候，本来是读博士的，后来选择了放弃。原因是我更希望我做的东西能够被很多很多人使用，而不喜欢去研究一个别人已经研究了 10 年的命题。

1997 年，我离开自己奋斗了 3 年多的华尔街，前往当时在硅谷很著名的搜索引擎公司 Infoseek。在硅谷，我见识了当时最成功的搜索技术公司如何在股市上呼风唤雨，见识了每天支持上千万流量的大型工业界信息系统是怎样工作运转的，我也见证了 Infoseek 后来的每况愈下和惨淡经营。但最重要的是，在 Infoseek，我找到了我一生的兴趣所在——互联网搜索引擎。那时，在北大所学的信息检索方面的理论，让我比任何计算机系科班出身的工程师都更能够理解普通用户习惯于怎样的信息获取方式。我意识到，搜索能让每个人与所需信息的距离只有鼠标的点击一下那么远，这种感觉是那么美妙。从那以后，我从来没有离开搜索引擎超过 24 小时，不是因为我是工作狂，而是因为我喜欢。

百度公司走过了 8 年的历程，今天已经成为一个市值超过 100 亿美元的公司，为越来越多的人提供服务。我最大的心得就是要选择做自己喜欢做的事情，我们需要从自己真正的心里面去做选择，并不是你认为社会期望你这样做，父母期望你这样做，朋友期望你这样做。只有这样，你才会越工作越开心，在遇到困难遇到挫折的时候，不会被沮丧击败，而是全身心地去享受整个过程。

第二，是关于专注的认识。

我一生有两个最大的幸运：一是找到我的太太；二是从事一份自己喜欢的工作。但太太与工作唯一的不同就是：太太只有一个，而工作每时每刻都充满了诱惑。很多人都会专注于一个妻子，但很多人都会喜欢上多个不同的工作。

在百度上市之前，百度只做一件事情就是中文搜索。在创业初期，搜索在美国硅谷并不是炙手可热的概念，当时更热的是门户网站，是电子商务，以及后来在中国火起来的无线、网游，等等。百度在招第一批职员的时候，碰到一位我特别希望他能加盟的人，他技术很好，可惜他对我说如果我们不做e-Commerce他就不来了。2001年，曾经有一位百度的工程师找到我，很认真地说他想做网上购物，结果被我拒绝了，并为此离开了百度。百度上市后，也有一些共事多年的老同事先后离开了百度去尝试更多的业务。

很多时候，我感到百度能一直坚持做搜索是因为我对专注有宗教一般的信仰。普通人很难想象对于一个有2亿用户的公司，每天要面对多少诱惑。百度可以做一百件事，最后我们只选择了一件，并一做就是8年，而且还会再做下去。

人一生中可以完成的事情是有限的。只有专注才能让自己变得足够优秀。所以说："有所不为，才能有所为。"

第三，是关于视野的感悟。

回头望望自己走过的路，我发现，这个世界的广阔是自己很难想象的。很多当时觉得非常大的困难，现在看来不过是一些小事，很多当时感觉到棘手的事，现在也只是茶余饭后的话题罢了。

百度在2000年成立时，并不直接为网民提供搜索服务，我们只为门户网站输出搜索引擎技术，而当时只有门户网站需要搜索服务。2001年夏天，我做了这样一个决定，从一个藏在门户网站后面的技术服务商，转型做一个拥有自己品牌的独立搜索引擎。这是百度发展历程中唯一的一次转型，会得罪几乎所有的客户，所以当时遭到很多投资者反对。但当我把视线投向若干年以后时，我不得不坚持自己的观点。大家知道，后来我说服了投资者，所以才有了大家今天看到的百度。

百度从后台走向了前台，加上我们的专注与努力，今天运营着东半球最大的网站。

事实上，从创立百度的第一天起，我的理想就是"让人们最便捷地获取信息"。这个理想不局限于中文，不局限于互联网。作为一名北大信息管理系的学生，我很幸运在前互联网时代，在大学时就理解了信息与人类的关系及其重要性。所以，百度从第一天起，就胸怀远大理想：我们希望为所有中国人，乃至亚洲，全世界的人类，寻求人与信息之间最短的距离，寻求人与信息的相亲相爱。

所以说：视野有多远，世界就有多大。

最后，我在这里衷心祝贺你们顺利完成在北京大学的学习，祝愿你们未来的道路越走越宽广，世界在你手中。也让我们一起祝福我们的母校传承历史、继往开来、再攀高峰。

谢谢大家！

乔布斯：在斯坦福大学毕业典礼上的演讲

我今天很荣幸能和你们一起参加毕业典礼，斯坦福大学是世界上最好的大学之一。我从来没有从大学中毕业。说实话，今天也许是在我的生命中离大学毕业最近的一天了。今天我想向你们讲述我生活中的三个故事。不是什么大不了的事情，只是三个故事而已。

第一个故事，是关于如何把生命中的点点滴滴串连起来。

我在 Reed 大学读了 6 个月之后就退学了，但是在 18 个月以后，我真正做出退学决定之前，我还经常去学校。我为什么要退学呢？

故事得从我出生的时候讲起。我的亲生母亲是一位年轻的、没有结婚的大学毕业生。她决定让别人收养我，她十分希望我被大学毕业生收养。所以，在我出生的时候，她已经做好了一切准备工作。

我的养父母突然在半夜接到了一个电话："我们现在这儿有一个不小心生出来的男婴，你们想要他吗？"他们回答道："当然！"但是我亲生母亲随后发现，我的养母从来没有上过大学，我的养父甚至从没有读过高中，她拒绝签这个收养合同。只是在几个月以后，我的父母答应她一定要让我上大学，那个时候她才勉强同意。

在 17 岁那年，我真的上了大学。但是我很愚蠢地选择了一个几乎和你们斯坦福大学一样贵的学校，我的养父母还处于蓝领阶层，他们几乎把所有的积蓄都花在了我的学费上面。在 6 个月后，我已经看不到其中的价值所在。我不知道我真正想要做什么，我也不知道大学能怎样帮助我找到答案。但是在这里，我几乎花光了我父母这辈子的全部积蓄。所以我决定要退学，我觉得这是个正确的决定。

不能否认，我当时确实非常害怕，但是现在回头看看，那的确是我这一生中最棒的一个决定。在我做出退学决定的那一刻，我终于可以不必去读那些令我提不起丝毫兴趣的课程了。然后我可以开始去修那些看起来有点意思的课程。

但是这并不是那么浪漫。我失去了我的宿舍，所以我只能在朋友房间的地板上睡觉，我去捡可以换 5 美分的可乐罐，仅仅为了填饱肚子，在星期天的晚上，我需要走七英里的路程，穿过这个城市到 Hare Krishna 神庙（位于纽约 Brooklyn 下城），只是为了能吃上这个星期唯一一顿好一点的饭，我喜欢那里的饭菜。

我跟着我的直觉和好奇心走，遇到的很多东西，此后被证明是无价之宝。让我给你们举一个例子吧：Reed 大学在那时提供也许是全美最好的美术字课程。在这个大学里面的每张海报、每个抽屉的标签上面全都是漂亮的美术字。因为我退学了，不必去上正规的课程，所以我决定去参加这个课程，去学学怎样写出漂亮的美术字。我学到了 san serif 和 serif 字体，我学会了怎么样在不同的字母组合之中改变空白间距，还有怎么样才能作出最棒的印刷式样。那种美好、历史感和艺术精妙，是科学永远不能捕捉到的，我发现那实在是太迷人了。

当时看起来，这些东西在我的生命中，好像都没有什么实际应用的可能。但是十年之后，当我们在设计第一台 Macintosh 电脑的时候，就不是那样了。我把当时我学的那些东西全都设计进了 Mac。那是第一台使用了漂亮的印刷字体的电脑。如果我当时没有退学，就不会有机会去参加这个我感兴趣的美术字课程，Mac 就不会有这么多丰富的字体，以及赏心悦目的字体间距。因为 Windows 只是照抄了 Mac，所以现在个人电脑才能有现在这么美妙的字形。

当然我在大学的时候，还不可能把从前的点点滴滴串联起来，但是当我十年后回顾这一切的时候，真的豁然开朗了。

再次说明的是，你在向前展望的时候不可能将这些片断串联起来；你只能在回顾的时候将点点滴滴串联起来。所以你必须相信这些片断会在你未来的某一天串连起来。你必须要相信某些东西：你的勇气、目的、生命、因缘……这个过程从来没有令我失望，只是让我的生命更加地与众不同。

第二个故事，是关于爱和失去。

我非常幸运，因为我在很早的时候就找到了我钟爱的东西。Woz 和我在 20 岁的时候就在父母的车库里面开创了苹果公司。我们工作得很努力，十年之后，这个公司从只有那两个车库中的穷小子发展到了拥有超过 4000 名的雇员、价值超过 20 亿美元的大公司。在公司成立的第九年，我们刚刚发布了最好的产品，那就是 Macintosh。我也快要到 30 岁了。

在那一年，我被炒了鱿鱼。你怎么可能被你自己创立的公司炒了鱿鱼呢？嗯，在苹果快速成长的时候，我们雇用了一个很有天分的家伙和我一起管理这个公司，在最初的几年，公司运转得很好。但是后来，我们对未来的看法发生了分歧，最终我们吵了起来。当争吵到不可开交的时候，董事会站在了他的那一边。所以在 30 岁的时候，我被炒了。在这么多人的目光下，我被炒了。在而立之年，我生命的全部支柱离自己远去，这真是毁灭性的打击。

在最初的几个月里，我真是不知道该做些什么。我觉得我令上一代的创业家们很失望，我把他们交给我的接力棒弄丢了。我和创办惠普的 David Pack、创办 Intel 的 Bob Noyce 见面，并试图向他们道歉。我把事情弄得糟糕透顶了。但是我渐渐发现了曙光，我仍然喜爱我从事的这些东西。苹果公司发生的这些事情丝毫没有改变这些，一点也没有。我被驱逐了，但是我仍然钟爱我所做的事情。所以我决定从头再来。

我当时没有觉察，但是事后证明，从苹果公司被炒是我这辈子发生的最棒的事情。因为，作为一个成功者的负重感被作为一个创业者的轻松感所重新代替，没有比这更棒的事情了。这让我觉得如此自由，进入了我生命中最有创造力的一个阶段。在接下来的五年里，我创立了一个名叫 NeXT 的公司，还有一个叫 Pixar 的公司，然后和一个后来成为我妻子的优雅女人相识。

Pixar 制作了世界上第一部用电脑制作的动画电影《玩具总动员》，Pixar 现在也是世界上最成功的电脑制作工作室。

在后来的一系列运转中，Apple 收购了 NeXT，然后我又回到了 Apple 公司。我们在 NeXT 发展的技术，在 Apple 今天的复兴之中发挥了关键的作用。而且，我还和 Laurence 一起建立了一个幸福完美的家庭。

我可以非常肯定，如果我不被苹果公司开除的话，这些事情一件也不会发生。这个良药的味道实在是太苦了，但是我想病人需要这个药。有些时候，生活会拿起一块砖头向你的脑袋上猛拍一下。不要失去信仰。我很清楚唯一使我一直走下去的，就是我做的事情令我无比钟爱。你需要去找到你所爱的东西。对于工作是如此，对于你的爱人也是如此。你的工作将会占据生活中很大的一部分。你只有相信自己所做的是伟大的工作，你才能怡然自得。如果你现在还没有找到，那么继续找、不要停下来，只要全心全意地去找，在你找到的时候，你的心会告诉你。就像任何真诚的关系，随着岁月的流逝只会越来越紧密。所以继续找，直到你找到它，不要停下来！

第三个故事，是关于死亡的。

当我十七岁的时候，我读到了一句话："如果你把每一天都当作生命中最后一天去生活的话，那么有一天你会发现你是正确的。"这句话给我留下了一个印象。从那时开始，过了 33 年，我在每天早晨都会对着镜子问自己："如果今天是你生命中的最后一天，你会不会完成你今天想做的事情呢？"当答案连续多天是"No"的时候，我知道自己需要改变某些事情了。

"记住你即将死去"是我一生中遇到的最重要的箴言，它帮我指明了生命中重要的选择。因为几乎所有的事情，包括所有的荣誉、所有的骄傲、所有对难堪和失败的恐惧，这些在死亡面前都会消失，我看到的是留下的真正重要的东西。你有时候会思考你将会失去某些东西，"记住你即将死去"是我知道的避免这些想法的最好办法。你已经赤身裸体了，你没有理由不去跟随自己内心的声音。大概一年以前，我被诊断出癌症。我在早晨七点半做了一个检查，检查清楚地显示在我的胰腺上有一个肿瘤。我当时都不知道胰腺是什么东西，医生告诉我那很可能是一种无法治愈的癌症，我还有 3~6 个月的时间活在这个世界上。我的医生叫我回家，然后整理好我的一切，那是医生对临终病人的标准程序。那意味着你将要把未来十年对你小孩说的话在几个月里面说完；那意味着把每件事情都安排好，让你的家人尽可能轻松地生活；那意味着你要说"再见了"。

我拿着那个诊断书过了一整天，那天晚上我做了一个活切片检查，医生将一个内窥镜从我的喉咙伸进去，通过我的胃，然后进入我的肠子，用一根针在我胰腺的肿瘤上取了几个细胞。我当时是被麻醉的，但是我的妻子在那里，她后来告诉我，当医生在显微镜下观察这些细胞的时候他们开始尖叫，因为这些细胞竟然是一种非常罕见的可以用手术治愈的胰腺癌症细胞。我做了这个手术，现在我痊愈了。

那是我最接近死亡的时候，我希望这也是以后的几十年最接近的一次。从死亡线上又活了过来，我可以比以前把死亡只当成一种想象中的概念的时候，更肯定一点地对你们说：没有人愿意死，即使人们想上天堂，也不会为了去那里而死。但是死亡是我们每个人共同的终点。从来没有人能够逃脱它。也应该如此。因为死亡就是生命中最好的一个发明。它将旧的清除以便给新的让路。你们现在是新的，但是从现在开始不久以后，你们将会逐渐变成旧的然后被送离人生舞台。我很抱歉这很戏剧性，但是这十分真实。

你们的时间很有限，所以不要将时间浪费在重复其他人的生活上。不要被教条束缚，那意味着你和其他人思考的结果一起生活。不要被其他人喧嚣的观点掩盖你内心真正的声音。还有最重要的是，你要有勇气去听从你直觉和心灵的指示，它们在某种程度上知道你想要成为什么样子，所有其他的事情都是次要的。

当我年轻的时候，有一本叫作《整个地球的目录》的杂志，它是我们那一代人的圣经之一。它是一个叫 Stewart Brand 的家伙在离这里不远的 Menlo Park 编辑的，他像诗一般神奇地将这本书带到了这个世界。那是 20 世纪 60 年代后期，在个人电脑出现之前，所以这本书全部是用打字机、剪刀还有偏光镜制造的。有点像用软皮包装的 Google，在 Google 出现 35 年之前：这是理想主义的，其中有许多灵巧的工具和伟大的想法。

Stewart 和他的伙伴出版了几期的《整个地球的目录》，当它完成了自己使命的时候，他们做出了最后一期的目录。那是在 20 世纪 70 年代的中期，我正是你们的年纪。在最后一期的封底上是清晨乡村公路的照片（如果你有冒险精神的话，你可以自己找到这条路的），在照片之下有这样一句话："求知若饥，虚心若愚。"（Stay Hungry，Stay Foolish）这是他们停止了发刊的告别语。我总是希望自己能够那样，现在，在你们即将毕业，开始新的旅程的时候，我也希望你们能这样：求知若渴，虚心若愚。

非常感谢你们！

柳传志：怎样当一个好总裁

联想的管理法则听上去非常简单，但实际贯彻起来却对管理者有着相当高的要求。

总裁在企业里一般都要做两件事：第一是制定战略，并设计实行战略的战术步骤；第二是带好员工队伍，让你的队伍有能力按照这个战略目标去实施。这两件事做好了，企业就能向好处发展。但在做这两件事情之前，还有一件更重要的事要办，就是建班子。企业必须要有一个好的领导班子，否则你把事情布置下去之后，下面的人未必照你的意思去做。有了好的班子才能群策群力，同时对第一把手也就有了制约。没有一个好的班子就制定不了好的战略，就带不好队伍，所以领导班子实际上是第一位的。联想把以上这些总结为管理的三个要素：建班子、定战略和带队伍。

正视国情。

在今天的中国要当好总裁，还要有三要素以外的一个能力，就是对中国环境适应和改造的能力。社会主义初级阶段这句话的含义太丰富了，什么事情都是初级阶段，会有大量经济、企业之外的事情困扰着我们。就此总裁还要考虑到可不可以为了企业改造大环境？一般都改不了，那能不能局部改造我们生存的小环境？如果还不行，我们可不可以适应现在这个环境？将来条件允许了，能不能马上相应做大的动作？这是在中国做一个好总裁必须要考虑的问题。

机制问题往往也不是由总裁决定的。机制问题是搞好企业的一个必要条件，如果花了半生的精力把企业办大了，办好了，一退休就什么都没有你的份了，这将是很难接受的。于是就有了褚时健的 59 岁现象。这件事我有同情的一面，他犯法绝对是错误的，但是他犯法以前，做了 18 年好总裁，创造了上千亿元的利润，这是多大一笔钱啊！但 18 年中，他个人的总回报只有 80 万元，这太不相称了，是不合理的。这件事是不合理在前，不合法在后；违法绝对是错误的，但是国家也应该反省，否则这种事情以后可能还会发生。

我们总结了国有经济的老板有四种方法来做事：第一个就是褚时健这种做法，这是完全违法的，一旦被抓，就彻底完了。第二种方法就是把企业变成一个连通管。好比说我在这里办国营企业，再让一个最得力的部下在别的地方办一个公司，然后把好的业务往他那边介绍，利润全都到他那边去，那里有我的投资，或者不投资最后分红。这样做没犯法，但是这个企业能办好吗？第三种方法更被动一点，就是快退休的时候破格提拔我看得上的人来接我的班，这样可使我退休后的待遇能够继续保持下去。这种做法是最普遍，最经常的。但是老总这么做，党委书记也这么做，常务副总也这么做，企业里有两个人这么做就会形成宗派，就无药可治了，最终会把企业弄得一塌糊涂。第四种就是当一天和尚撞一天钟，不给你好好干，明哲保身，这同样搞不好企业。所以机制的问题不解决确实是一个大的问题。

我们研究高科技企业要把好四个大关口：一是观念；二是机制；三是环境；四是管理。管理固然重要，但在中国这样特殊的环境中，老总不对前三个方面有研究，事情是做不好的。就此对老总有两个要求：第一是目标要高，要把办企业当成事业来干，这样才能受得住委屈，才能充满正气。第二是要有对环境一眼看到底的能力，要能审时度势，要把事情看清楚，知道办得办不得，后果会是怎么样。联想认真地研究了这个问题。我们有一个公关外联部，就是专门研究跟国家各个部委打交道，看怎么才能够保持我们企业正常运作，怎么能够尽量得到国家的支持。这是门学问，是中国的特殊情况，是哈佛课程里不会讲的。

管理三要素

1. 建班子

战略要靠班子来制定，队伍要靠班子来带，所以建班子在三要素中是第一位的，班子不和，什么事都做不成，班子没建好有两种情况：一种是"1+1<1"，就是班子不和，什么事都做不成，或是一个班子做事还不如一把手一个人做得好。主要原因是无原则纠纷和产生宗派。第二种是"1+1<2"，就是有了这个班子之后确实比你一个人强了，但是远没有达到它应该发挥的能力。这主要是班子成员的积极性没有完全调动起来。怎么才能调动起来？积极性太高了以后怎样防止互相碰撞？

如何防止班子产生宗派和无原则纠纷？

这并不难，核心就是解决一把手是不是把企业的利益放在第一位的问题。如果你主动自律，严格要求自己，就可以非常光明磊落地把一切问题放在桌面上来谈，就可以对有可能产生宗派的苗头，有可能产生无原则纠纷的苗头大胆地批评。联想为了防止这种事情，采取了一些听起来很土的措施。

例如，我们不允许自己的子女进公司，以免形成一种管不了的力量。这里还有更深刻的意义。比如我儿子是在北邮学计算机的，后来去哥伦比亚大学读了硕士，如果他到联想来工作，就会大大影响别的年轻人积极性的发挥。如果有些领导部门和关系户推荐一些人到公司来，必须进行笔试，合格后要三个副总裁签字才允许这个人进来，绝不能形成哪个人同外边单独的关系。要表明这么一种正气。有一年春节家里人聚会，我一个姑姑就揶揄我，说她的孩子大学毕业之后想进联想还要考试，但是他们班的同学就是走后门进去的。我回去一了解，不但是，还有好几个。我发了火，逢会就讲，并进行了处理。

为了抑制无原则的纠纷，我们有一个规定，第一把手与第二把手或第三把手之间发生此类纠纷的时候，如果这个部门的工作业绩还可以，就无条件地调走第二把手，但对第一把手给予警告——换了人再出现这种情况说明你一定有问题，要提出制裁。这样一来大家就会非常小心。

如何实现"1+1>2"

第一，必须让班子成员明白他和整个战局的关系，还要讲清这件事情做好会怎么样，做不好会有什么后果，这对他的积极性就有了初步的调动。第二，凭什么说你做好了或做坏了，凭什么给你这种奖励或惩罚。如果这是规定好的，不是人为临时定的，积极性就会得到更大程度的调动。香港联想曾经有位总经理，分红权、认股证、期权都在他口袋里面，到时候再宣布他要给谁多少。今天看来给人家的东西并不少，但是没有人感谢，没有人真心被这个调动起积极性。第三，这个规则应是被承认的，是班子研究过的，这时积极性会得到更充分的调动。联想高层的班子是主发动机，下面各层的班子都是小发动机，而不是一些没有动力的齿轮。上上下下都在动，而且动得非常协调，感觉就非常好了。当然，如果一把手不把企业的利益放在第一位也不行。

建班子的三大难题

这是大家都会遇到的三个难题。

第一个是进了班子后不称职怎么把他请出去。解决这个难题要注意两点：一是班子里进来的所有人要德才兼备，以德为主。这个极其重要，否则你就很难理直气壮地把不称职的人请出去；高层领导的德，就是要以企业利益为最高利益。二是话要放在桌面上讲。第一次他有事情做得不合适，就要对他提出批评。关着门两个人说也是放在桌面上讲，不能心里明白不跟他说。科学院撤换某一个公司的领导，他把公司办得一塌糊涂。撤换的时候，是用一种哄的方式把他给哄了下来的，他不愿意，晚上喝多了酒就大骂。其实把公司做成这个样子，为什么不早点当面跟他说清？一次说清怕他受不了，为什么不早点一次一次地把话跟他说清？说一次就改最好。第二次说了还不能改就要公开批评。第三次再犯就撤换他。这样他还能有什么意见？话能不能放在桌面上讲，是一个班子团结和保持正气的关键。一把手若真的把企业利益放在第一位了，就没有什么话是不能公开说的。

第二个难题是对重大问题有不同意见，两边的比例还差不多，怎么办？方法是先谈原则，一把手先私下一个一个地谈话，不要谈具体的事，谈有关此事的最高原则。比如制定工资问题，要先谈定工资是为了什么，是为了某些人之间的公平，还是为了让企业更好地发展？到底哪个先哪个后？把大原则定下来以后，再一步步定小原则，再谈到具体问题，就好解决了。一把手用权要谨慎，当和下属意见不一致时，如果我对这个事也没把握，他很振振有词，那就照他的办，但事情办完后要进行总结。做好了我要回忆一下当时我是怎么想的，他应该受到表扬。做不好他也要说个道理。如果把事想清楚了，认为真正对的事情，就下决心不必多做讨论。如果几次事情都做得很正确，大家今后就容易同意你了。我们公司里也有投票表决的制度，但还没用过，事情都是这么解决的，没有什么过不去的。

第三个大问题是如何提高班子成员的素质。企业刚成立，人员素质不高怎么办？

这时一把手注意要先集中后民主。就是我定规则大家做，取得别人的信任以后，逐渐提高素质，替换班子成员，一步一步实现由班子指挥。一把手的工作方式有三种：指令性方式、指导性方式、参与性方式。到了指导性的时候，下面就都是发动机了。联想现在是处于指导性和指令性之间，要一步一步来。如果你接手的是一个大公司，文化背景、员工素质都很好，就不是这样了。

建班子的另一个重要点是：一把手看重企业的长远利益，要长期办下去，所以要形成一种规则，形成一种议事的方法。美国花旗银行的董事长三年前跟我讲："对我的考核应该是看我退休以后花旗银行的股票价值，如果我退休五年后还很好，才说明我做得不错。"这话对我有极大的启发，我马上要退休了，也应接受这个考核标准。

2. 定战略

制定战略的实质是确定目标，然后是怎么达到这个目标，怎么分解它。中远期目标我们要分阶段做。

联想有个五步法

第一步是确定公司远景。我们自己提出的口号是：联想要成为长期的、有规模的高科技企业。短期行为的事我们不做，非高科技企业的事我们不做——我是指现在联想的上市公司，而不是控股公司。

第二步是确定中远期发展战略目标。公司目标的期限长短各有不同，我们认为现在的联想，充其量只能制定五年的远景规划。因为计算机领域的一些核心技术还掌握在别人手里，我们只是跟风，制定不了更长远的计划。

第三步是制定发展战略的总体路线。这是制定战略比较重要的部分，有很多具体步骤：一是制定前的调查和分析。首先是外部的调查分析——世界和地区的政治、经济方面的调查分析，本行业的状况和前景的分析。二是内部资源能力的审视，包括形成价值链各个环节的分析、核心业务流程的分析、核心竞争力的分析等。三是对竞争对手的分析和比较。分析竞争对手的战略、实际情况等。调查分析之后就是制定路线。

第四步是确定当年的战略目标（总部和各子公司的），并分解成具体战略步骤操作实施。

第五步是检查调整，达到目标。

联想制定战略案例分析

以联想制定并实现的 1996~2000 年的 5 条路线为例，第一条是坚持信息产业领域内要多元化发展。我们定了一个长期发展的远景以后，首先要做的事情就是能使我们长本事的事情。1993~1995 年，中国掀起了房地产的热潮，当时几乎所有的公司都往里钻。我们几次开会，分析以后认为坚决不能做这个事情。一次有可能做好，两次以后很可能栽下去了，除非对它进行了专门的研究，而我们主要研究的是高科技方面的事情。即使做一次挣了钱，但不长本事，干脆就不做这件事情。后来有几家中关村著名的大公司在房地产上栽了大跟头，引起了很多的矛盾，联想则避开了灾难。

第二条是国际国内同时发展，以国内市场为主。计算机领域在 1992 年以前是一个相当封闭的领域，关税极高，要有批文，外国企业的机器进不到中国来。1992 年把批文去掉了，大大减低了关税，实际上那个时候中国在 PC 领域就相当于加入了 WTO。1993 年打开这个门以后，中国的计算机行业受到了极大的冲击，几家老的计算机企业长城、浪潮、东海、联想被打得溃不成军，一塌糊涂。联想成立十几年来没有几次完不成任务的，那一年就没完成，我也急得大病一场，在医院住了 3 个月。这时候我们进行了认真的分析，到底中国的计算机能不能跟外国打这一仗，打不了干脆做代理。资金优势、管理优势、技术优势、人才优势全是人家的，我们的优势就是本土优势。于是我们重新整合了队伍，把以前的整个架构打乱，研究怎么去体现这个优势，并选择了一个最有能力的年轻人杨元庆来担任这个部门的负责人。1994 年以后，联想在计算机方面的营业额和产量基本上每年以 100% 的速度增长；到 1996 年开始占据中国第一位，台湾在研发以及生产制造方面的整体水平很高，康柏、IBM 的机器全是台湾人做的，设计也是台湾人设计的，但台湾人为什么不打自己的牌子呢？原因是台湾本土市场太小，出去打品牌战非常艰苦。中国大陆有这么大的保底市场，为什么不在中国打好这场国际战争呢？以国内市场为主的目标是 2000 年联想要做到 30 亿美元，2005 年的目标是 100 亿美元，中间这 70 亿美元用什么东西来填补呢？一是把某一个领域的产品做到精专，纵深，向世界性发展；二是拓宽本土市场。产品不仅是 PC，还有接入端的其他设备、网络设备，然后从产品品牌发展到信息服务领域。

第三条是走贸、工、技的道路。这一条外边争议很大，我们受到了不少的批评，一些有科学背景的老院士认为我们不重视技术。其实我们是非不为也，实不能也。不做贸易怎么生存，哪有钱来发展？通过贸易我们还学会了市场推广、企业管理等。

第四条是积极发展产品技术，以此为基础逼近核心技术。掌握了核心技术，利润就不是 3%、5%，像毛巾拧水一样了，目标就在对岸，但我们过不了河，所以我这个战略路线里面强调的都是一些造桥和过河的方法。

第五条就是充分利用股市集资作为实现 2000 年中期目标的融资手段。这里面学问也挺大。1994 年上市时，我们选了一家财务顾问，不怎么样，使得我对此一头雾水。后来我们受到汇丰银行一个投资部的总经理和现在我们的财务顾问高盛的指导,才豁然开朗。第一,想在股市融资就应老老实实把业绩做好,很多公司炒来炒去是绝对做不好的;第二,业绩方面要有较高的透明度。一般的香港企业是半年宣布一次业绩,我们是 3 个月宣布一次业绩,因为宣布业绩的时候,股东会提各种各样他觉得很难回答的问题。我却每年一至两次到欧洲、美国挨家介绍,回答他们各种各样的问题,让股东能够信得过我们。

制定了 5 条路线,接下来就是实施步骤。就是把长期目标分拆成今年要定什么目标,这个季度要定什么目标,为了实现这个目标要做哪些铺垫工作。

1996 年联想翻身,PC 机连续 4 次大幅度降价,远远甩开了国外的企业,抢占了市场份额,变成了中国市场价格的领导者,我们选择了价格作为突破口,是因为其他方面很难超过别人。电脑最主要的成本是在几个重要部件上——CPU、硬盘、存储器。由于技术的不断发展,这三块每年都会大幅度降价,联想 1995 年大亏,实际上也是库存积压的问题。我们详细分析了影响库存的原因,研究怎么缩短订货周期、生产周期,怎么使得销售流畅,怎么扩大市场;把这些一个一个进行演练,演练成功了就对外宣布降价。战术步骤是要进行演习的。

调整更重要,很少有制定的目标一下就能达到的,一定要调整。我们在制定战略的时候,前面好像是草地、泥潭,要小心翼翼、反复琢磨、仔细观察,然后轻手轻脚地在上面走。走实了,是黄土地了,撒腿就跑。制定战略的过程是非常小心的过程。动起来要快,调整是动起来以后的事。

联想准备从一个纯粹的产品公司进入到一个产品和服务领域的公司,这其中有一个比较好的设计。前一段的"网络热",使做服务的 ICP、ISP 的价格高得不得了，这里面有问题，是因为他们把长跑当成了短跑。其实做网络公司是一次长跑，能够取得利润还早着呢，这是由环境决定的，短跑就是把上市、集资、融资的钱作为比赛的结果，比谁到股市拿钱快。作为网络服务性的公司，资金能不能支持是一个非常重要的因素。联想进入行业的时候想清楚了，我们做产品的时候有丰厚的利润，并且用我们的服务支持我们的产品销售。在美国做手机是产品不要钱，服务要钱。我们恰恰相反，我们做ISP、做 365 网站，接到中国电信不收钱，但产品卖得好了。今年第一季度与去年同一季度比，营业额增加了 75%，扣除网站费用之后的利润增长了 136%。

联想的战略总则是"以稳为主，稳中求快"。这是由我的性格特点和我下面用的人的性格特点决定的，不一定其他公司也这样办。大胆创新完全是可以的，我是想办长期性的公司，一次冒险能过，以后还能过吗？一开始我是很冒险的，后来变成了这样一种风格，不一定是好的风格，但我们是这样做的。

3. 带队伍

带队伍要做好三件事：一是如何充分调动员工的积极性；二是如何提高员工能力；三是如何使机器有序、协调、效率高，这些就是组织、架构和规章制度要解决的事。

说到做到，要从规章制度上体现出来。联想以前有一个天条，就是不许牟取额外利益，为此我们进行了坚决的斗争，使公司保持了一个良好的风气。从 1990 年到现在共有 5 个年轻人被送到了检察院。几万块钱算什么？但在联想就是不行，发现了就要往检察院送。送去之后的第二件事就是尽力帮他减刑，因为法律规定贪污几万就是好几年，我们也可惜。联想还有一个小的规定，就是开会迟到要罚站。你迟到了，就站一分钟，所有人把会停下来，像默哀一样，非常难受。不管什么原因，请假除外。难度在于怎么把这个规定保持了这么多年。这是1989年制定的，头一次罚站的是我的一个老上级，但还是让他站了一分钟。我自己也被罚了3次，才3次，很了不起了，我参加了那么多会议，天灾人祸的事情很多。

激励方面的核心是把员工的发展方向和追求与企业的目标融合在一起，这是我们最高的愿望。如果大家没有一个共同的利益，每个人都以己为本，就不成一个企业了。这一点我们叫入模子，不管是什么样的人进入到联想，都要熔化在这个模子里。你可以改造这个模子，比如说我们有些地方做得不好，大家提了以后我们可以修改，但进来之后就要按这个做。

最后就是领军人物和骨干队伍的培养，这是最重要的。一把手有点像阿拉伯数字的"1"，后面跟一个0就是10，跟两个0就是100，跟三个0就是1000。这些"0"虽然也很重要，但没有前面的"1"就什么都没有。我们对领军人物有"德""才"两点要求。"德"就是要把企业的利益放在最高地位；"才"就是一定是个学习型的人。要善于总结，善于学习，善于把理论的东西拿去实践，善于把实践加以总结。企业里有的人工作积极性很高，但却没法重用，因为他总是把自己做的8分事看成10分，把别人做的8分事看成6分，这也是不善于总结。企业要不停地开各种研讨会，办各种各样的沙龙，让大家总结出规律性的东西，这一点极其重要。联想经常开这种研讨会，定下一个主讲人，而后小组讨论，每个小组都要派人上来讲对问题的看法。

最后做一个总结，第一点是做总裁要知道企业管理，知道企业外部环境总体是怎么回事，粗细都要能够讲清楚，粗了1个小时，甚至5分钟就能谈出来，细了能谈 1 天，能写 1 本书；第二点是你自己和你手下的人是什么样的要清楚；第三点是要明白你想要什么样的人做这些事，这些人够不够格，理想的人选是什么样的；第四点是怎么培养这样的人。明白事，明白人，明白怎么把你身边的人变成这样的人，差不多就是个好总裁了。

任正非：华为的冬天

　　公司所有员工是否考虑过，如果有一天，公司销售额下滑、利润下滑甚至会破产，我们怎么办？我们公司的太平时间太长了，在和平时期升的官太多了，这也许就是我们的灾难。泰坦尼克号也是在一片欢呼声中出的海。而且我相信，这一天一定会到来。面对这样的未来，我们怎样来处理，我们是不是思考过。我们好多员工盲目自豪、盲目乐观，如果想过的人太少，也许就快来临了。居安思危，不是危言耸听。

　　我到德国考察时，看到第二次世界大战后德国恢复得这么快，当时很感慨。他们当时的工人团结起来，提出要降工资，不增工资，从而加快经济建设，所以战后德国经济增长很快。如果华为公司的危机真的到来了，是不是员工工资减一半，大家靠一点白菜、南瓜过日子，就能行？或者我们裁掉一半人是否就能救公司。如果这样就行的话，危险就不危险了。因为危险一过去，我们可以逐步将工资补回来，或者销售增长，将被迫裁掉的人请回来。这算不了什么危机。如果两者同时都进行，都不能挽救公司，想过没有？

　　十年来，我天天思考的都是失败，对成功视而不见，也没有什么荣誉感、自豪感，而是危机感。也许是这样才存活了十年。我们大家要一起来想，怎样才能活下去，也许才能存活得久一些。失败这一天一定会到来，大家要准备迎接，这是我从不动摇的看法，这是历史规律。

华为公司老喊狼来了，喊多了，大家有些不信了。但狼真的会来。今年我们要广泛展开对危机的讨论，讨论华为有什么危机，你的部门有什么危机，你的科室有什么危机，你的流程的哪一点有什么危机。还能改进吗？还能提高人均效益吗？如果讨论清楚了，那我们可能就不死，就延续了我们的生命。对于怎样提高管理效率，我们每年都写了一些管理要点，这些要点能不能对你的工作有些改进，如果改进一点，我们就前进了。

(1) 均衡发展，就是抓短的一块木板。我们怎样才能活下来。同志们，你们要想一想，如果每一年你们的人均产量增加 15%，你可能仅仅保持工资不变或者还可能略略下降。电子产品价格下降幅度一年还不止 15% 吧。我们卖的越来越多，而利润却越来越少，如果我们不多干一点，我们就可能保不住今天，更别说涨工资。不能靠没完没了的加班，所以一定要改进我们的管理。

在管理改进中，一定要强调改进我们木板最短的那一块。各部门、各科室、各流程主要领导都要抓薄弱环节。要坚持均衡发展，不断地强化以流程型和时效型为主导的管理体系的建设，在符合公司整体核心竞争力提升的条件下，不断优化你的工作，提高贡献率。

全公司一定要建立起统一的价值评价体系。统一的考评体系，才能使人员在内部流动和平衡成为可能。比如，有人说我搞研发创新很厉害，但创新的价值如何体现？创新必须通过转化变成商品，才能产生价值。我们重视技术、重视营销，这一点我并不反对，但每一个链条都是很重要的。研发相对于用户服务来说，同等级别的一个用服工程师可能要比研发人员综合处理能力还强一些。所以如果我们对售后服务体系不认同，那么这个体系就永远不是由优秀的人来组成的。不是由优秀的人来组织，就是高成本的组织。因为他飞过去修机器，去一趟修不好，又飞过去修不好，又飞过去还修不好。我们把工资全都赞助给民航了。如果我们一次就能修好，甚至根本不用过去，用远程指导就能修好，我们将节省多少成本啊！因此，我们要强调均衡发展，不能老是强调某一方面。

（2）对事负责制与对人负责制是有本质区别的，一个是扩张体系，一个是收敛体系。为什么我们要强调以流程型和时效型为主导的管理体系呢？现在流程上运作的干部，他们还习惯于事事都请示上级。这是错的，已经有规定或者成为惯例的东西，不必请示，应快速让它通过。执行流程的人，是对事情负责，这就是对事负责制。事事请示，就是对人负责制，它是收敛的。我们要简化不必要确认的东西，要减少在管理中不必要、不重要的环节，否则公司怎么能高效运行呢？现在我们机关有相当的部门以及相当的编制在制造垃圾，然后这些垃圾又进入分拣、清理，制造一些人的工作机会。制造这些复杂的文件，搞了一些复杂的程序以及不必要的报表、文件，来养活一些不必要养活的机关干部，机关干部是不能产生增值行为的。我们一定要在监控有效的条件下，尽力精简机关。

市场部机关是无能的。每天的纸片如雪花一样飞，每天都向办事处要报表，今天要这个报表，明天要那个报表，这是无能的机关干部。办事处每个月把所有的数据填一个表，放到数据库里，机关要数据就到数据库里找。从明天开始，市场部把多余的干部组成一个数据库小组，所有数据只能向这个小组要，不能向办事处要，办事处一定要给机关打分，你们不要给他们打那么高的分，让他们吃一点亏，否则他们不会明白这个道理，就不会服务于你们，使你们作战有力。

在本职工作中，我们一定要敢于负责任，使流程速度加快，对明哲保身的人一定要清除。华为给了员工很好的利益，于是有人说千万不要丢了这个位子，千万不要丢掉这个利益。凡是要保自己利益的人，要免除他的职务，他已经是变革的绊脚石。在去年的一年里，如果没有改进行为的，甚至一次错误也没犯过，工作也没有改进的，是不是可以就地免除他的职务。他的部门的人均效益没提高，他这个科长就不能当了。他说他也没有犯错啊，没犯错就可以当干部吗？有些人没犯过一次错误，因为他一件事情都没做。而有些人在工作中犯了一些错误，但他管理的部门人均效益提升很大，我认为这种干部就要用。对既没犯过错误，又没有改进的干部可以就地免职。

（3）自我批判，是思想、品德、素质、技能创新的优良工具，我们一定要推行以自我批判为中心的组织改造和优化活动。自我批判不是为批判而批判，也不是为全面否定而批判，而是为优化和建设而批判。总的目标是要提升公司整体核心竞争力。

为什么要强调自我批判？我们倡导自我批判，但不提倡相互批评，因为批评不好把握度，如果批判火药味很浓，就容易造成队伍之间的矛盾。而自己批判自己呢，人们不会自己下猛力，对自己都会手下留情。即使用鸡毛掸子轻轻打一下，也比不打好，多打几年，你就会百炼成钢了。自我批判不光是个人进行自我批判，组织也要对自己进行自我批判。通过自我批判，各级骨干要努力塑造自己，逐步走向职业化、走向国际化。公司认为自我批判是个人进步的好方法，还不能掌握这个武器的员工，希望各级部门不要对他们再提拔了。两年后，还不能掌握和使用这个武器的干部要降级使用。在职在位的干部要奋斗不息、进取不止。干部要有敬业精神、献身精神、责任心、使命感。我们对普通员工不做献身精神要求，他们应该对自己付出的劳动取得合理报酬。只对有献身精神的员工做要求，将他们培养成干部。另外，我们对高级干部实行严要求，不对一般干部实施严要求。因为都实施严要求，我们的管理成本就太高了。因为管他也要花钱的呀，不打粮食的事我们要少干。因此，我们对不同级别的干部有不同的要求，凡是不能使用自我批判这个武器的干部都不能提拔。

自我批判从高级干部开始，高级干部每年都有民主生活会，民主生活会上提的问题是非常尖锐的。有人听了以后认为公司内部斗争真激烈，你看他们说起问题来很尖锐，但是说完他们不又握着手打仗去了吗？我希望这种精神一直能往下传，下面也要有民主生活会，一定要相互提意见，相互提意见时一定要和风细雨。我认为，批评别人应该是请客吃饭，应该是绘画、绣花，要温良恭让，一定不要把内部的民主生活会变成了有火药味的会议。高级干部尖锐一些，是他们素质高，越到基层应越温和。事情不能指望一次说完，一年不行，两年也可以，三年进步也不迟。我希望，各级干部在组织自我批判的民主生活会议上，千万要把握尺度。我认为人是怕痛的，太痛了也不太好，像绘画、绣花一样，细细致致地帮人家分析他的缺点，提出改进措施，和风细雨式最好。

（4）任职资格及虚拟利润法是推进公司合理评价干部有序的、有效的制度，我们要坚定不移地继续推行任职资格管理制度。只有这样，才能改变过去的评价蒙估状态，才会使有贡献、有责任心的人尽快成长起来。激励机制要有利于公司核心竞争力战略的全面展开，也要有利于近期核心竞争力的不断增长。

什么叫领导？什么叫政客？这次以色列的选举，让我们看到了犹太人的短视。拉宾意识到以色列是一个小国，处在几亿阿拉伯人的包围中，尽管几次中东战争以色列都战胜了，但不能说50年、100年以后，阿拉伯人不会发展起来。今天不以土地换和平、划定边界，与周边和平相处，那么一旦阿拉伯人强大起来，他们又会重新流离失所。要是这样，犹太人再过2000年还回不回得来，就不一定了。而大多数人，只看重眼前的利益，沙龙是强硬派，会为犹太人争得近期利益，人们拥护了他。我终于看到一次犹太人也像我们一样短视。我们的领导都不要迎合群众，但推进组织目的，要注意工作方法。

干部要有敬业精神、献身精神、责任心和使命感。区别一个干部是不是好干部，是不是忠诚，标准有四个：第一，你有没有敬业精神，对工作是否认真，改进了，还能再改进吗？这就是你的工作敬业精神。第二，你有没有献身精神，不要斤斤计较，我们的价值评价体系不可能做到绝对公平。如果用曹冲称象的方法来进行任职资格评价的话，那肯定是公平的。但如果用精密天平来评价，那肯定公平不了。要想做到绝对公平是不可能的。我认为献身精神是考核干部的一个很重要因素。一个干部如果过于斤斤计较，这个干部绝对做不好，你手下有很多兵，你自私、斤斤计较，你的手下能和你合作得很好吗？没有献身精神的人不要做干部，做干部的一定要有献身精神。第三点和第四点，就是要有责任心和使命感。我们的员工是不是都有责任心和使命感？如果没有责任心和使命感，为什么还想要当干部？如果你觉得你还是有一点责任心和使命感的，赶快改进，否则最终还是要把你免下去的。

（5）不盲目创新，才能缩小庞大的机关。庙小一点，方丈减几个，和尚少一点，机关的改革就是这样。总的原则是我们一定要压缩机关，为什么？因为我们建设了IT。为什么要建设IT？道路设计要博士，炼钢制轨要硕士，铺路要本科生。但是道路修好了，扳岔道就不要这么高的学历了，否则谁也坐不起这个火车。因此，当我们公司组织体系和流程体系建设起来的时候，就不要这么多的高级别干部，方丈就少了。

我们要坚持"小改进、大奖励"。"小改进、大奖励"是我们长期坚持的改良方针。在小改进的基础上，不断归纳，综合分析，研究其与公司总体目标流程是否符合，与周边流程是否和谐，要简化、优化，再固化。这个流程是否先进，要以贡献率能否提高为标准来评价。

我年轻时就知道华罗庚的一句话，"神奇化易是坦途，易化神奇不足提"。我们有些员工，交给他一件事，他能干出十件事来，这种创新就不需要，是无能的表现。这是制造垃圾，这类员工要降低使用。所以今年有很多变革项目，但每个变革项目都要以贡献率来考核。既要实现高速增长，又要同时展开各项管理变革，错综复杂，步履艰难，任重而道远。各级干部要有崇高的使命感和责任意识，要热烈而镇定，紧张而有秩序。"治大国如烹小鲜"，我们做任何小事情都要小心谨慎，不要随意把流程破坏了，发生连锁错误。

（6）规范化管理本身已含监控，它的目的是开展有效、快速的服务业务，需要我们要继续坚持业务为主导，会计为监督的宏观管理方法与体系的建设。什么叫业务为主导，就是要敢于创造和引导需求，取得"机会窗"的利润。也要善于抓住机会，缩小差距，使公司同步于世界而得以生存。什么叫会计为监督，就是为保障业务实现提供规范化的财经服务，规范化就可以快捷、准确和有序，使账务维护成本降低。

规范化是一把筛子，在服务的过程中也完成了监督。要把服务与监控融进全流程，我们也要推行逆向审计，追溯责任，从中发现优秀的干部，铲除沉淀层。

（7）面对变革要有一颗平常心，要有承受变革的心理素质。我们要以正确的心态面对变革。什么是变革？就是利益的重新分配。利益重新分配是大事，不是小事。这时候必须有一个强有力的管理机构，才能进行利益的重新分配，改革才能运行。在改革的过程中，从利益分配的旧平衡逐步走向新的利益分配平衡。这种平衡的循环过程，是促使企业核心竞争力提升与效益增长的必要条件。但利益分配永远是不平衡的，我们在进行岗位变革时也是有利益重新分配的。比如大方丈变成了小方丈，你的庙被拆除了，不管叫什么，都要有一个正确的心态来对待。如果没有一个正确的心态，我们的改革是不可能成功的，不可能被接受的。特别是随着 IT 体系的逐步建成，以前的多层行政传递与管理的体系将更加扁平化。伴随中间层的消失，一大批干部将成为富余，各大部门要将富余的干部及时输送至新的工作岗位上去，及时地疏导，才会避免以后的过度裁员。我在美国时，在和 IBM、Cisco、Lucent（前者思科，后者朗讯，都是世界著名的电信生产商——编辑注）等几个大公司领导讨论问题时谈到，IT 是什么？他们说，IT 就是裁员，裁员，再裁员。以电子流来替代人工的操作，以降低运作成本，增强企业竞争力。我们也将面临这个问题。伴随着 IPD、ISC、财务四统一、支撑 IT 的网络等逐步铺开和建立，中间层消失。我们预计我们大量裁掉干部的时间大约在 2003 年或 2004 年。

今天要看到这个局面，我们现在正在扩张，还有许多新岗位，大家要赶快去占领这些新岗位，以免被裁掉。不管是对干部还是普通员工，裁员都是不可避免的。我们从来没有承诺过，像日本一样执行终身雇佣制。我们公司从创建开始就强调来去自由。内部流动是很重要的，当然这个流动有升有降，只要公司的核心竞争力提升了，个人的升降又何妨呢？"不以物喜，不以己悲"。因此，今天来说我们各级部门真正关怀干部，就不是保住他，而是要疏导他，疏导出去。

（8）模板化是所有员工快速管理进步的法宝。一个新员工，看懂模板，会按模板来做，就已经国际化、职业化，以现在的文化程度，三个月就掌握了。而这个模板是前人摸索几十年才摸索出来的，你不必再去摸索。各流程管理部门、合理化管理部门，要善于引导各类已经优化的、已经证实行之有效的工作模板化。清晰流程，重复运行的流程，工作一定要模板化。一项工作达到同样绩效，少用工，又少用时间，这才说明管理进步了。我们认为，抓住主要的模板建设，又使相关模板的流程连接起来，才会使 IT 成为现实。在这个问题上，我们要加强建设。

（9）华为的危机，以及萎缩、破产是一定会到来的。现在是春天吧，但冬天已经不远了，我们在春天与夏天时要念着冬天的问题。IT 业的冬天对别的公司来说，不一定是冬天，而对华为可能是冬天。华为的冬天可能会更冷一些。我们还太嫩，我们公司经过十年的顺利发展没有经历过挫折，不经过挫折，就不知道如何走向正确的道路。

磨难是一笔财富，而我们没有经过磨难，这是我们最大的弱点。我们完全没有适应不发展的心理准备与技能准备。

危机的到来是不知不觉的，我认为所有的员工都不能只站在自己的角度立场想问题。如果你们没有宽广的胸怀，就不可能正确对待变革。如果你不能正确对待变革，抵制变革，公司就会死亡。在这个过程中，大家一方面要努力地提升自己，另一方面要与同志们团结好，提高组织效率，并把自己的好干部送到别的部门去，使部下有提升的机会。你减少了编制，避免了裁员、压缩。在改革过程中，很多变革总会触动某些员工的利益，希望大家不要发牢骚，说怪话，特别是我们的干部要自律，不要传播小道消息。

（10）安安静静地应对外界议论。对待媒体的态度，希望全体员工都要低调，因为我们不是上市公司，所以我们不需要公示社会。我们主要是对政府负责任，对企业的有效运行负责任。对政府的责任就是遵纪守法，我们去年交给国家的增值税、所得税是18个亿，关税是9个亿，加起来一共是27个亿。估计我们今年在税收方面可能再增加70%～80%，可能要给国家交到40多个亿。我们已经对社会负责了。媒体有他们自己的运作规律，我们不要去参与，我们有的员工到网上去辩论，是帮公司的倒忙。

我想，每个员工都要把精力用到本职工作中去，只有本职工作做好了才能为你带来更大的效益。国家的事由国家管，政府的事由政府管，社会的事由社会管，我们只要做一个遵纪守法的公民，就完成了我们对社会的责任。只有这样我们公司才能安全、稳定。不管遇到任何问题，我们的员工都要保持安静，坚定不移地听党的话，跟政府走。严格自律，不该说的话不要乱说。特别是干部要管好自己的家属。我们华为人都是非常有礼仪的人。当社会上根本认不出你是华为人的时候，你就是华为人；当这个社会认出你是华为人的时候，你就不是华为人，因为你的修炼还不到家。

"沉舟侧畔千帆过，病树前头万木春。"网络股的暴跌，必将对两三年后的建设预期产生影响，那时制造业就惯性进入了收缩期。眼前的繁荣是前几年网络股大涨的惯性结果。记住一句话："物极必反。"这一场网络设备供应的冬天，也会像它热得人们不理解一样，冷得出奇。没有预见，没有预防，就会冻死。那时，谁有棉衣，谁就会活下来。

萨默·雷石东：赢的激情

各位下午好！感谢校长对我热情洋溢的介绍，我非常非常荣幸，今天能够来到清华大学。同清华大学这个大家庭共聚一堂，包括顾先生以及来自各方的朋友。

同方公司是中国发展良好的信息技术公司，我们认为，同方公司也是中国数字未来中前程似锦的公司之一。

清华大学是中国最众望所归的大学之一，特别是在商业、新媒体和传媒，以及新闻方面，是很著名的。我知道，现在中国著名的重要的领导就是这所大学毕业的，我肯定，而且我现在正在观察，将来你们中间肯定会出现中国未来的领导。

到大学、到教室感觉非常好，非常有幸在我这一生中，在美国大学教过书，在那里做讲座，就是哈佛的法学院。还有在波士顿的法学院，也接受了娱乐法的培训，这是我最初的经验。今天就是要给大家讲一下我的心得，讲一下建立全球的传媒企业的 ABC［Acquire（获得），Brand（品牌），Copyright（版权）］，不仅仅讲白手起家的问题，还讲讲对领导力和成功的想法。

今天，维亚康姆公司是世界上最有价值的传媒和娱乐公司之一，但是在 1987 年，我收购这家公司的时候，它仅仅是一家在挣扎中求生存的电视节目公司，收购这家公司，其中包括了 MTV，那时候维亚康姆公司已经在广播电视、电影的制作、发行、广播、零售和出版方面取得了长足的进步，这其中包括百士达和哥伦比亚这两家公司。我们现在的运作已经延伸到了170多个国家，我们的消费者达到数十亿。

大家都知道MTV的情况，你们是我们计划中非常独特的受众，比如说每年中央电视台和MTV的盛典，还有其他的品牌你们可能不太熟悉。现在我们不仅有MTV全球电视网，还有儿童频道，这里有美国最大的全国电视网络，就是哥伦比亚广播公司（CBS），我们也有派拉蒙电影公司，也创作了很多的电影，比如说《星际迷航》《谍中谍》等。我们总共拥有39个电视台，180多个广播台，有最大的户外广告公司，而且我们持有或者部分拥有全球1000个电影院，百士达也是我们在全球做录像、DVD和游戏的公司。我们有派拉蒙主题公园，有西蒙出版社，所以这里面可以说是很好的一个组合。

我觉得很难相信，17年的时间之内，我们把这个公司从过去白手起家的情况建成现在的帝国，建立一个多媒体集团，白手起家是需要很多努力的，我对将来充满了激情，应该说，98%的电视眼球都是在美国以外，这就是为什么我努力推动海外市场发展的原因，特别是维亚康姆公司实施收购以后。

在亚洲，有20亿30岁以下的人群，这就是我们很多品牌的受众。我想说的是，建立维亚康姆在美国之外的业务，给我们带来了巨大的发展机会。我已经连续6年来中国了，中国应该成为任何全球策略的一部分，我定期来中国，而且发展了个人的关系，同政府、同媒体业、同很多的合作伙伴建立了好的关系，并了解中国的文化美食、历史，更重要的是了解中国人民，这对我来说都是充满信心的东西。中国肯定对我们公司未来的发展，具有举足轻重的作用。今天我讲述一下怎么取得现在的成绩。

我们先讲一下一个媒体企业ABC的情况。

A就是购买和开发最好的内容，这个B就是对内容进行品牌建设，并且在很多的平台上或者市场上，尽可能使它具有经济的规模。C 就是版权，我们要保护这个品牌的内容，我们努力地、不遗余力地加以保护，使它成为观众的一部分，以及同观众建立起信任的纽带，这种纽带是非常强的。

维亚康姆提供一个平台，"Nicklodeon"儿童频道是一个新的品牌，在一个半小时推出这么一个新的板块，我们希望都有一种紧密的联系。你们听到这个消息还是感到惊奇的，我们有 30 个 "Nicklodeon"儿童频道，总共覆盖了 2.85 亿的家庭。在美国，"Nicklodeon"儿童频道已经连续 8 年成为第一位的有线频道，我们成功的秘诀是什么呢？我们已经讲了 A，这个问题很重要，"Nicklodeon"品牌使我们第一次认识到，儿童也需要他们自己的节目，要从儿童的角度来看问题，了解儿童的心理。

美国电视台推出了《海绵宝宝》的节目，是过去收视率最高的节目，即使是成年人也是这样，40%的《海绵宝宝》的观众居然是成人，这个品牌的产品在美国的零售达到了 25 亿美元，成为这 25 年 "Nicklodeon"儿童频道当中最成功的授权的产品。

派拉蒙推出这个 DVD 版的系列也非常成功，上了一周的畅销排行榜，在儿童类里，差不多畅销 18 个月。今年，派拉蒙也会推出电影版本，但是我们说的《海绵宝宝》还没有进入中国，大家不要着急，它很快就会成为一个全球的现象，现在电视系列已经到了全球 136 个地区，而且授权的产品已经到了 15 个国家。

《海绵宝宝》在德国也是获得了最佳的授权，在欧洲也受到了很大的欢迎，成为巴西最佳的卡通片。这个节目在 MTV 的网络，在英国、西班牙、荷兰都在上演，还有维亚康姆户外的排行榜也支持这个活动，也获得了亚洲的一些音乐的奖项。

"Nicklodeon"这个品牌的成功不是孤立的，在很多的 MTV 业务中都有体现，我们有很多这样的著名品牌，它能够创造难以抗拒的内容。比如说《海绵宝宝》，创造出这些内容之后，必须对这些内容加以保护，这就是要讲的很大的 C 的问题，就是版权的问题，包括版权对有效的媒体来说，是很重要的。不管这个业务在柏林还是北京，都是如此。

对于电影，计算机编程人员和作家们，花了无数的时间创造了一个想法，很多的电影厂、软件公司、唱片公司和出版商花了数亿美元，要把它们编辑出来，销售出去，这个是很好的。作为电影业来说是靠轰动效应驱动的。

好莱坞的电影只有 40%能收回成本。我们想想新的大片，比如说《指环王》。在美国上映之前，在马来西亚的大街上都可以看到这个电影了，他们以 100 万的速度下载这个电影，这个盗版的损失每年达 30 亿美元。音乐界也是一样，差不多已经被盗版消灭殆尽了。全球的销售连续 4 年下降，在业界，估计 2002 年盗版市场的价值是 46 亿美元。2002 年卖出的 3 张 CD 中就有 1 张 CD 是盗版的，有 18 亿盘，盗版也是重大的问题。

电影、书籍、音乐、多媒体的游戏，知识产权是很重要的，如果不采取行动的话，我们的艺术形式就要被这些技术扼杀掉。特别是中国"入世"以后，中国政府采取了积极的态度解决盗版问题，加大了执法的力度，打击盗版的 VCD 和 DVD。你们将成为下一代的领军人，保护创造性，不仅仅是道德的问题，也是一个商业的问题。如果不进行版权的保护，是不能够保护你的投资的，所以说这是一个很重要的问题。

建立一个全球的媒体，必须要考虑这几个因素：A 就是获得并且制定最好的内容；B 就是品牌，要尽可能多地应用不同的平台；C 就是版权，要保护那些有品牌的内容。差不多全球的媒体公司都要遵循，但是关键的问题是，任何商业想成功都必须具有领导力。

最后，我想给大家介绍一下我个人对领导力的一些看法，讲一下怎么运作，如何激励你的同事的问题。比如说，看安然事件的丑闻，还有四通公司的情况。作为股东，他们对商业的观察越来越细致了，在全球化竞争越来越激烈的局势中，股东必须考虑多样化的问题，要考虑诚信度，这个比以前更重要。

我想，你们都拿到了一本书，叫《赢的激情》，这里面讲的是我个人的一些情况，我讲到了成功和领导力的情况，讲到了我职业生涯的情况，讲到了很多的曲折或者是沉浮的情况。出现了一些沉浮之后，使你更睿智，使你又长了几岁。我现在想讲几点：第一个问题是这样的，这里讲的不是钱的问题，讲的是取胜的意愿。你可以说，这个亿万富翁讲的不是钱，我出生于一个犹太人的移民家庭，我们的公寓没有卫生间，我也从来不知道其他的公寓有卫生间，我的家人非常努力地工作，他们逐渐取得了成功，建立起自己的业务，建立了很小的汽车电影院。

我的母亲非常注重教育，我也觉得教育是非常重要的，我父母给我讲的价值是非常重要的。不是说让我解决个人财富的问题，她教我要成为一个胜利者，我一直在不断地努力做到第一，要成为第一。在我自己的体制中，这是一个组成部分。如果要取得巨大的成功，必须有这种获胜的意愿，而不是钱，这就是我成功的原因，我有成功的意愿。

这使我的个人生涯受益很多，为捍卫对维亚康姆的控制权，我们进行了激烈的战斗，我也遇到了障碍，但是我是非常喜欢竞争的，最终的胜利能让人获得快感，我确实认为，在战斗中获得教训，任何的教训不是讲钱，而是必须有这种获胜的意愿。

我讲的另外的一个教训是，要想取得成功，必须要冒险。任何的竞赛中都有两个结果，要么成功，要么失败，这是很多人忽视的东西。

20世纪80年代，在做调查的时候，大家都认为MTV是不会长久发展的，分析家说儿童的频道是不会活下去的。20年之后，你可以看到，在众多频道当中这是最成功的品牌，这不仅仅是讲财务方面的风险。在公司，可以说内容是国王，我们必须冒一些创造的风险，有一些理念是会失败的，但是必须冒险才知道能不能取得突破。

差不多15年前，MTV推出了这么一个节目，叫作《真实世界》，讲的是一群小孩住在一个房子里，当时从来没有人听说过真实电视的这么一种形式，其实就是从这个节目开始的。

一群小孩，住在一个房子里，"Nicklodeon"儿童频道完全从一个小孩的角度制作节目，婴儿可以相互交谈，作为成人是可以理解的，现在这个是我们数十亿美元的连锁业务，从DVD可以看到，这里讲了很多奋斗的故事，也有一些失败的故事，但是很多是取得成功的，失败是成功之母，非常幸运的是，成功是大于失败的。要想成功，必须要冒险，必须要有赢的意愿，这是很关键的，这是我领导风格的原则。

你们可能也有自己的原则，要找到你的激情之所在，生活不是消极的，应当是积极的，应当是不断迎接挑战的，应当是不断丰富自己的。你们是中国最聪明的一批学生，是最激动人心的。在过去几十年中，我们看到中国的巨大发展。中国的历史、中国的文化、中国的商业，在世界正发挥举足轻重的作用，中国在世界贸易方面取得了长足的进步，中国将在2008年举办奥运会，中国伟大的将来就在你们面前，你们就是未来之所在，你们要相信自己的能力，不要成为跟班者，如果有选择的话，必须要冒险，成为一个获胜者。

我希望你们取得成功，不仅仅在商业中取得成功，也在作为有激情的领导方面取得成功，我希望你们能领导世界上最激动人心的公司，我也希望继续来到中国，看到你们的进步，看到中国的进步。感谢大家，感谢有这么一个机会在中国给你们讲这堂课，我非常高兴再次回到教室。

小　结

以上几位企业家通过自己的亲身经历，为我们带来了一场又一场的震撼演讲和学习要点。就如《乔布斯：在斯坦福大学毕业典礼上的演讲》想要传达的信息非常有力，他所说的——求知若渴、虚心若愚，让不少听众（和读者）产生了共鸣。

据统计，他的这篇演讲在 YouTube 上的浏览量高达 200 万次。目前，这篇演讲稿仍在互联网上广泛流传。

之所以会这样，或许是因为乔布斯抓住了演讲精髓：传达信息和讲好故事。

正如哥伦比亚大学教授、演讲展示及培训公司 Ovid 的总裁简·普拉格（Jane Praeger）所说的那样"因为引用了你亲身经历的事情，你就可以真心实意地进行讲述，这种演讲往往更容易。演讲内容必须是有启发性的、栩栩如生的，能够传达情感、拥有某一特定观点。如果你拥有构成精彩演讲的这些元素，你就成功了一半"。

而且，乔布斯懂得与听众产生共鸣。在实际演讲中，演讲者也可以问问自己：我为什么在这儿？听众想要听什么？

如果你能回答这些问题，你要做的就是把答案告诉听众。即使你的答案只被听众记下了一小部分。

著名的 Public Words 公司总裁、《相信我：建立真实感和个人魅力的四个步骤》（*Trust Me：Four Steps to Authenticity and Charisma*）一书的作者尼克·摩根（Nick Morgan）曾表示："对于听到的东西，人们通常只能记住一小部分，所以要专注于一个话题，并保持简单。"

所以，就让我们忘记花哨的幻灯片演示和成堆的数据，专注于一个主题，让演讲变得简单起来吧。

知识如果只是流过听众的大脑，而没有进入听众的身体，那只是一个美丽的传说。

——千海语录